中国非洲研究院文库

新时代中国与非洲丛书

非洲留学生眼中的新时代中国

China in the New Era in the Eyes of African Students

中国非洲研究院　主编

张梦颖　王南　编

社会科学文献出版社
SOCIAL SCIENCES ACADEMIC PRESS (CHINA)

“中国非洲研究院文库”
编委会名单

充分发挥智库作用　助力中非友好合作

——“中国非洲研究院文库”总序

当前，世界之变、时代之变、历史之变正以前所未有的方式展开。一方面，和平、发展、合作、共赢的历史潮流不可阻挡，人心所向、大势所趋决定了人类前途终归光明。另一方面，恃强凌弱、巧取豪夺、零和博弈等霸权霸道霸凌行径危害深重，和平赤字、发展赤字、安全赤字、治理赤字加重，人类社会面临前所未有的挑战。

作为世界上最大的发展中国家，中国始终是世界和平的建设者、国际秩序的维护者、全球发展的贡献者。非洲是发展中国家最集中的大陆，是维护世界和平、促进全球发展的重要力量之一。在世界又一次站在历史十字路口的关键时刻，中非双方比以往任何时候都更需要加强合作、共克时艰、携手前行，共同推动构建人类命运共同体。

中国和非洲都拥有悠久灿烂的古代文明，都曾走在世界文明的前列，是世界文明百花园的重要成员。中非双方虽相距万里，但文明交流互鉴的脚步从未停歇。进入21世纪，特别是中共十八大以来，中非文明交流互鉴迈入新阶段。中华文明和非洲文明都孕育和彰显出平等相待、相互尊重、和谐相处等重要理念，深化中非文明互鉴，增强对彼此历史和文明的理解认知，共同讲好中非友好合作故事，有利于为新时代中非友好合作行稳致远汲取历史养分、夯实思想根基。

中国式现代化，是中国共产党领导的社会主义现代化，既有各国现代化的共同特征，又有基于自己国情的中国特色。中国式现代化，深深植根于中华优秀传统文化，体现了科学社会主义的先进本质，借鉴吸收一切人类优秀文明成果，代表了人类文明进步的发展方向，展现了不同于西方现代化模式的新图景，是一种全新的人类文明形态。中国式现代化的新图景，为包括非洲国家在内的广大发展中国家发展提供了有益参考和借鉴。近年来，非洲在自主可持续发展、联合自强道路上取得了可喜进步，从西方人眼中“没有希望的大陆”变成了“充满希望的大陆”，成为“奔跑的雄狮”。非洲各国正在积极探索适合自身国情的发展道路，非洲人民正在为实现《2063年议程》与和平繁荣的“非洲梦”而努力奋斗。中国坚定支持非洲国家探索符合自身国情的发展道路，愿与非洲人民共享中国式现代化机遇，在中国全面建设社会主义现代化国家新征程上，以中国的新发展为非洲和世界提供发展新机遇。

中国与非洲传统友谊源远流长，中非历来是命运共同体。中国高度重视发展中非关系，2013年3月，习近平担任国家主席后首次出访就选择了非洲；2018年7月，习近平连任国家主席后首次出访仍然选择了非洲；截至2023年8月，习近平主席先后5次踏上非洲大陆，访问坦桑尼亚、南非、塞内加尔等8国，向世界表明中国对中非传统友谊倍加珍惜，对非洲和中非关系高度重视。在2018年中非合作论坛北京峰会上，习近平主席指出：“中非早已结成休戚与共的命运共同体。我们愿同非洲人民心往一处想、劲往一处使，共筑更加紧密的中非命运共同体，为推动构建人类命运共同体树立典范。”2021年中非合作论坛第八届部长级会议上，习近平主席首次提出了“中非友好合作精神”，即“真诚友好、平等相待，互利共赢、共同发展，主持公道、捍卫正义，顺应时势、开放包容”。这是对中非友好合作丰富内涵的高度概括，是中非双方在争取民族独立和国家解放的历史进程中培育的宝贵财富，是中非双方在发展振兴和团结协作的伟大征程上形成的重要风范，体现了友好、平等、共赢、正义的鲜明特征，是新型国际关系的时代标杆。

随着中非合作蓬勃发展，国际社会对中非关系的关注度不断提高。一方面，震惊于中国在非洲影响力的快速上升；另一方面，忧虑于自身在非洲影响力的急速下降，西方国家不时泛起一些肆意抹黑、诋毁中非关系的奇谈怪论，如“新殖民主义论”“资源争夺论”“中国债务陷阱论”等，给中非关系的发展带来一定程度的干扰。在此背景下，学术界加强对非洲和中非关系的研究，及时推出相关研究成果，提升中非双方的国际话语权，展示中非务实合作的丰硕成果，客观积极地反映中非关系良好发展，向世界发出中国声音，显得日益紧迫和重要。

以习近平新时代中国特色社会主义思想为指导，中国社会科学院努力建设马克思主义理论阵地，发挥为党和国家决策服务的思想库作用，努力为构建中国特色哲学社会科学学科体系、学术体系、话语体系作出新的更大贡献，不断增强我国哲学社会科学的国际影响力。中国社会科学院西亚非洲研究所是遵照毛泽东主席指示成立的区域性研究机构，长期致力于非洲问题和中非关系研究，基础研究和应用研究双轮驱动，融合发展。

以西亚非洲研究所为主体、于 2019 年 4 月成立的中国非洲研究院，是习近平主席在中非合作论坛北京峰会上宣布的加强中非人文交流行动的重要举措。西亚非洲研究所及中国非洲研究院自成立以来，发表和出版了大量论文、研究报告和专著，为国家决策部门提供了大量咨询报告，在国内外的影响力不断扩大。遵照习近平主席致中国非洲研究院成立贺信精神，中国非洲研究院的宗旨是：汇聚中非学术智库资源，深化中非文明互鉴，加强中非治国理政和发展经验交流，为中非和中非同其他各方的合作集思广益、建言献策，为中非携手推进“一带一路”高质量发展、共同建设面向未来的中非全面战略合作伙伴关系、构筑更加紧密的中非命运共同体提供智力支持和人才支撑。

中国非洲研究院有四大功能：一是发挥交流平台作用，密切中非学术交往。办好三大讲坛、三大论坛、三大会议。三大讲坛包括“非洲讲坛”“中国讲坛”“大使讲坛”，三大论坛包括“非洲留学生论坛”“中非学术翻译论坛”“大航海时代与 21 世纪海上丝绸之路海峡两岸学术论坛”，三大会议包括“中非文明对话大会”“《（新编）中国通史》和《非洲通史（多卷本）》比较研究国际研讨会”“中国非洲研究年会”。二是发挥研究基地作用，聚焦共建“一带一路”。开展中非合作研究，对中非共同关注的重大问题和热点问题进行跟踪研究，定期发布研究课题及其成果。三是发挥人才高地作用，培养高端专业人才。开展学历学位教育，实施中非学者互访项目，扶持青年学者，培养高端专业人才。四是发挥传播窗口作用，讲好中非友好故事。办好中国非洲研究院微信公众号，办好中国非洲研究院中英文网站，创办多语种《中国非洲学刊》。

为贯彻落实习近平主席的贺信精神，更好汇聚中非学术智库资源，团结非洲学者，引领中国非洲研究队伍提高学术水平和创新能力，推动相关非洲学科融合发展，推出精品力作，同时重视加强学术道德建设，中国非洲研究院面向全国非洲研究学界，坚持立足中国，放眼世界，特设“中国非洲研究院文库”。“中国非洲研究院文库”坚持精品导向，由相关部门领导与专家学者组成的编辑委员会遴选非洲研究及中非关系研究的相关成果，并统一组织出版。文库下设五大系列丛书：“学术著作”系列重在推动学科建设和学科发展，反映非洲发展问题、发展道路及中非合作等某一学科领域的系统性专题研究或国别研究成果；“学术译丛”系列主要把非洲学者以及其他方学者有关非洲问题研究的学术著作翻译成中文出版，特别注重全面反映非洲本土学者的学术水平、学术观点和对自身发展问题的认识；“智库报告”系列以中非关系为研究主线，中非各领域合作、国别双边关系及中国与其他国际角色在非洲的互动关系为支撑，客观、准确、翔实地反映中非合作的现状，为新时代中非关系顺利发展提供对策建议；“研究论丛”系列集结中国专家学者研究非洲国际关系和非洲政治、经济、安全、社会发展等方面的重大问题，形成的一批创新性学术研究成果，具有基础性、系统性和标志性的特点；“年鉴”系列是连续出版的资料性文献，分中英文两种版本，设有“重要文献”“热点聚焦”“专题特稿”“研究综述”“新书选介”“学刊简介”“学术机构”“学术动态”“数据统计”“年度大事”等栏目，系统汇集每年度非洲研究的新观点、新动态、新成果。

在中国非洲研究院成立这一新的历史起点上，期待中国的非洲研究和非洲的中国研究凝聚国内研究力量，联合非洲各国专家学者，开拓进取，勇于创新，不断推进我国的非洲研究、非洲的中国研究以及中非关系研究，从而更好地服务于中非高质量共建“一带一路”，助力新时代中非友好合作全面深入发展，推动构建更加紧密的中非命运共同体。

中国非洲研究院

2023 年 9 月

习近平外交思想指引
新时代中国非洲研究

——“新时代中国与非洲丛书”总序

党的十八大以来，中国特色社会主义进入新时代，这是我国发展新的历史方位。经过新时代十年团结奋斗，中国完成了全面建成小康社会的历史任务，实现了第一个百年奋斗目标，迈上全面建设社会主义现代化国家新征程，向第二个百年奋斗目标进军。新时代十年的伟大变革，在党史、新中国史、改革开放史、社会主义发展史、中华民族发展史上具有里程碑意义。

与此同时，国际形势发生深刻复杂变化，当今世界处于大发展大变革大调整时期，正在经历百年未有之大变局。习近平总书记在党的二十大报告中指出：“当前，世界之变、时代之变、历史之变正以前所未有的方式展开。一方面，和平、发展、合作、共赢的历史潮流不可阻挡，人心所向、大势所趋决定了人类的前途光明。另一方面，恃强凌弱、巧取豪夺、零和博弈等霸权霸道霸凌行径危害深重，和平赤字、发展赤字、安全赤字、治理赤字加重，人类社会面临前所未有的挑战。”

“世界怎么了？我们怎么办？”习近平总书记深刻思考人类命运前途，积极推进重大外交理论和实践创新，形成了习近平外交思想。习近平外交思想是习近平新时代中国特色社会主义思想的重要组成部分，为新时代我国对外工作提供了根本遵循和行动指南。

新时代十年，我们全面推进中国特色大国外交，努力推动构建人类命运共同体和构建新型国际关系，积极发展全球伙伴关系，维护大国关系总体稳定，深化同周边国家外交，加强同发展中国家团结合作，形成全方位、多层次、立体化的外交总体布局。在中国外交总体布局中，非洲占有非常重要之地位。中国是世界上最大的发展中国家，非洲是发展中国家最集中的大陆，中非从来都是命运共同体。发展同非洲国家的团结合作是中国对外政策的重要基石，也是中国长期坚定的战略选择。

新时代十年，习近平主席高度重视中非关系，以元首外交引领中非关系行稳致远。2013 年 3 月，习近平就任国家主席后首次出访便选择了非洲，至今共四次踏上非洲大陆，足迹遍及非洲东西南北中。非洲国家领导人也纷纷来华访问或者出席国际会议。对此，习近平主席都予以热情接待，进行会谈或会见。习近平主席高度重视中非合作论坛工作，连续出席 2015 年约翰内斯堡峰会、2018 年北京峰会和 2021 年第八届部长级会议并发表重要演讲。新冠疫情发生后，习近平主席主持中非团结抗疫特别峰会，并通过视频、通话等方式与非洲领导人保持密切沟通。2022 年 11 月，坦桑尼亚总统萨米娅·哈桑访华，成为党的二十大后中方接待的首位非洲国家元首，充分体现了中坦关系的密切程度和中非关系在中国外交全局中的重要地位。

新时代十年，习近平主席基于对中非发展和世界大势的深刻认识和准确把握，就中非关系发展作出一系列重要论述，提出一系列新理念、新思想、新倡议，为中非友好合作全面深入发展指明了方向。习近平主席提出的“真实亲诚”政策理念和正确义利观，成为中国加强同包括非洲国家在内的广大发展中国家团结合作的重要理念和指导原则。习近平主席提出构建“责任共担、合作共赢、幸福共享、文化共兴、安全共筑、和谐共生”的新时代中非命运共同体，为推动构建人类命运共同体树立典范。习近平主席倡导中非高质量共建“一带一路”，助力中非实现共同发展，造福中非人民。习近平主席提出将中非关系提升为全面战略合作伙伴关系，明确了新时代中非关系的战略定位和方向。习近平主席还高度概括总结了中非友好合作精神，即“真诚友好、平等相待，互利共赢、共同发展，主持公道、捍卫正义，顺应时势、开放包容”，成为新时代中非关系继往开来的力量源泉。

新时代十年，是中非合作成果丰硕的十年。在中非双方共同努力下，中非合作实现跨越式发展，结出丰硕成果。中非政治互信持续深化，为中非合作保驾护航；中非经贸合作迅速发展，为中非关系注入强大动力；中非人文交流日益扩大，促进中非民心相通；中非安全合作稳步拓展，助力非洲实现和平稳定；中非国际合作不断增强，维护国际公平正义。其中，人文交流与合作是新时代中非合作的重要内容，是中非全面战略合作伙伴关系的重要组成部分，是中非命运共同体的重要支柱。近年来，中非在文化、教育、科技、卫生、媒体、智库、青年、妇女等方面的交流与合作日益扩大，取得积极成效，从而使中非关系的社会民意基础不断夯实巩固。

随着中非关系快速发展，中非双方都认识到智库在提供知识和智力支持方面的积极作用，中非智库交流与合作不断增强。2018 年 9 月 3 日，习近平主席在中非合作论坛北京峰会上宣布，“中国决定设立中国非洲研究院，同非方深化文明互鉴”。2019 年 4 月 9 日，中国非洲研究院正式成立，习近平主席专门致信祝贺，将中非智库交流与合作推向新阶段。

习近平主席在贺信中指出：“希望中国非洲研究院汇聚中非学术智库资源，增进中非人民相互了解和友谊，为中非和中非同其他各方的合作集思广益、建言献策，为促进中非关系发展、构建人类命运共同体贡献力量！”习近平主席贺信为中国非洲研究院发展指明了方向，贺信精神是中国非洲研究院建院之本、强院之魂。

中国非洲研究院成立以来，认真学习领会习近平新时代中国特色社会主义思想，深入贯彻落实习近平主席贺信精神，紧紧围绕“四大功能”定位，全面扎实推进各项工作。中国非洲研究院设立“三大交流机制”，包括中非治国理政交流机制、中非可持续发展交流机制和中非共建“一带一路”交流机制，积极促进中非学术交流，加强交流平台建设。推出“中国非洲研究院文库”，出版学术专著、智库报告、学术译丛、研究论丛、中国非洲研究年鉴等系列学术研究成果，扎实推进国内非洲研究和中非联合研究，加强研究基地建设。创办“三大讲坛”，包括中国讲坛、非洲讲坛和大使讲坛，举办“中非文明对话大会”和“非洲留学生论坛”，精心打造知名品牌，加强传播窗口建设。深入学习贯彻习近平外交思想，紧密配合我国外交大局，组织“非洲大使中国行”等活动，同时加强应用对策研究，充分发挥高端智库功能。高度重视人才培养，加大力度培养致力于中非友好合作的“中国通”和“非洲通”，加强人才高地建设。设立中国非洲研究院国际顾问委员会，同时创新完善机制建设，汇聚学术智库资源。经过不懈努力，中国非洲研究院工作初见成效，在国内外的影响力逐步显现，引领中国非洲研究和汇聚中非学术智库资源的作用不断增强。

新时代，中国非洲研究院肩负着“为促进中非关系发展、构建人类命运共同体贡献力量”的重要使命。为加强新时代中非关系的研究，中国非洲研究院经过深入调研后决定设立“新时代中国与非洲”重点课题，并成立专门课题组，吸纳科研骨干力量，开展专题研究。该课题旨在深入研究新时代元首外交对中非关系的引领作用，系统阐述习近平主席关于中非关系的重要论述，深刻领悟习近平外交思想中关于中非关系的新思想、新理念、新倡议，全面总结新时代中非友好合作的重要成就及意义。

我们希望，通过该丛书，为加强新时代中国非洲研究，促进中非文明交流互鉴，增进中非人民相互了解和友谊，推动构建中非命运共同体和人类命运共同体贡献学术力量！

中国非洲研究院

2023 年 9 月

目　录

中国见闻篇

中非友好篇

中非合作篇

"一带一路"篇

互学互鉴篇

中国见闻篇

我的中国故事

〔科特迪瓦〕安澜（Gohi Bi Foua Claude Alain）

个人介绍：

Gohi Bi Foua Claude Alain（中文名：安澜），攀枝花学院生物与化学工程学院、外国语学院科特迪瓦籍讲师。攀枝花市委第六类高层次人才、美国天普大学访问学者、国际期刊《材料学与应用》（*Materials Sciences and Application*）的审稿人，曾获湘潭大学化工博士学位。安澜热衷于参与攀枝花经济建设和文化建设，加入了“攀枝花学院博士宣讲团”，积极参与各类科研项目，他主持的课题“攀枝花大力融入‘成渝地区双城经济圈’建设研究-高质量建设产业转移承接基地”获攀枝花市社会科学基金2020年度重点项目立项并顺利结题。安澜积极参与化工学科建设，在攀枝花学院的主讲课程包括“化工设备机械基础”、“化工科技英语”和“大学法语”。近年来，他以第一作者、通讯作者及合作作者身份在国内外学术刊物上发表SCI/EI研究论文20余篇，其中SCI收录论文超过20篇，一区论文3篇。硕博在读期间，安澜连续六年获得中国政府奖学金，连续三年被评为“湖南省优秀留学生”。安澜热爱运动，多次参加校级市级足球比赛，并与团队获得2020攀枝花市五人制足球赛冠军。

因为热爱这片热土，拥有强烈和真诚的愿望，便有了我的“中国缘”、走了“中国路”、造就“中非梦”、留下“中国情”。只有踏上过中国的土地，才能更真实和深切地感知到坚持以人民为中心的中国共产党始终不忘初心。我用超过十年的时间见证了中国以5G建设为代表的“中国高度”、以建设中非命运共同体为代表的“中国格局”、以建设美丽中国为代表的“中国品位”、以万众一心救灾抗疫为代表的“中国力量”、以危险时刻紧急撤侨为代表的“中国情怀”、以高铁技术自主创新为代表的“中国创造”、以空间站建设为代表的“中国智慧”、以始终坚持一个中国为合作基本原则的“中国态度”、以积极应对全球气候变化为代表的“中国担当”、以全面脱贫与高质量发展为代表的“中国实力”。在21世纪这个知识经济的时代里，中国以科学发展观为指导，坚持自立自强，合作共赢，实现了第一个百年奋斗目标；以习近平新时代中国特色社会主义思想为指导，坚持低碳发展，全面创新，努力建设人与自然和谐共生的美丽中国。中国制定的发展战略与取得的成果充分体现了中国共产党始终不忘初心，不断造福人民。

当我上初中的时候，历史书上有一章介绍了中国5000年的历史和龙的文化，从秦朝到唐宋到中国现代文明发展，中国的历史深深地吸引了我。我被毛主席带领中国人民推翻旧势力、建立新中国的革命进程所震撼。我看到在中国共产党的艰苦奋斗下，地球的东方有一股神奇的力量在不断崛起。在电视上看到中国的故事，听在阿比让工作的中国人讲他们的家庭故事和在中国的生活，在阿比让观看中国传统艺术非洲之行的演出，我的生活和中国这两个字的关系不断加深。我相信自己与中国有一种特殊的缘分。2010年，我带着对毛主席的崇拜与敬佩之情，来到了毛主席的家乡湖南湘潭留学，除了想学习专业的文化知识以外，还想学习和体会更加真实的中国红色文化。硕士研究生毕业后，我继续在导师门下攻读博士学位。求学期间，我心中始终有传播中非文化的信念。为了促进中非文明交流互鉴，我曾举办过多次“THE WAY WE ARE”中外文化交流活动，让留学生和中国学生能更加了解彼此的文化。中国全力汇聚全球英才的国家战略、四川政府与攀枝花学院的人才引进政策，让我有了实现人生价值的平台。博士毕业后我入职了四川攀枝花学院。号称“英雄攀枝花，阳光康养城”的中国国际康养城攀枝花体现了中国人民不畏艰险、敢于奋斗的“三线精神”，是中国人民幸福生活的写照，我在攀枝花学院开启了人生的新起点，也成了一个很幸福的人。

我喜欢研究中国的历史，尤为喜欢中国共产党党史。其中，中国共产党领导人民进行革命斗争这一段历史令我十分着迷。通过对中国历史的了解，我看到中国人不怕吃苦、甘于奉献、忠于国家的优良品质。这一段历史也成为鼓励我刻苦钻研、敢于创新的力量和源泉。我很喜欢中国共产党的先进理念，在实践之中我也按照中国共产党对党员的严格要求来约束自己的行为、培养自己的奋斗精神，刻苦钻研、以身作则，和同学们交流学习，实现共同进步。在求学与工作中，我学习了毛泽东思想、邓小平理论、“三个代表”重要思想、科学发展观，以及习近平新时代中国特色社会主义思想等，见证了中国的发展。我深刻认同中国发展的指导思想与其在实践中取得的成果，中国的理论建设保证了中国发展的先进性与中国道路的正确性。中国让我认识到强大的政府是一个国家发展的根本保障，让我不得不佩服中国共产党的先进性与执政能力。我在中国的这些年，见证了中国在社会、政治、经济、文化、科技方面的发展。沪昆高速长沙到怀化路段开通之时，我有幸受邀成为第一批体验的乘客，真切地感受到了“中国速度”。中国高铁走向世界体现了中国科技在国际中的一流地位，这就是强大的中国。面对新冠疫情，中国政府当机立断，从中央到地方、从城市到乡村，工作落实到位，保障措施完善，行动井然有序，充分体现出中国共产党始终把人民的利益放在首位的政治立场。我通过学习中国历史与中国的思想理论，亲历中国发展，感知中国精神，实现了自我提升。中国的先进思想不仅帮助我形成了积极向上的价值观，还培养了我不怕困难的精神和始终拼搏的品质。

在中国的时光是我人生非常重要的转折点。在这里我认识了关心爱护我的领导、一起努力拼搏的同学、像家人一样的朋友。工作中领导对我无微不至地关照，生活中朋友们都把我当家人，中国于我而言不再是异国他乡，而是我的第二故乡。我常常去不同的城市和景区，游历中国的大好河山。例如，我去韶山学习红色文化，去湘西了解少数民族文化，去北上广看中国经济与城市发展，去东北感受中国的小品、二人转等民间艺术形式，去西北感受辽阔的草原，去四川看国宝大熊猫、看九寨沟的秀丽风景、品火锅美食，去广西看桂林甲天下的秀丽风光，去湖北武汉看民国建筑等。中国每个地方都有不同的特色，一个国家能将不同民族融合在一起。学习中国不同地域的文化使我变成了一个更加包容、心胸开阔的人。中国有繁荣的城市，也有相对落后的乡村，那里的孩子们没有走出过大山、没有见过外国人、更没有面对面地了解过外国文化。为此，我带着热爱教育事业的留学生们举办了“A& 外教送教下乡”志愿活动，去四川凉山彝族自治州等贫困山区的乡村小学支教。在课堂上，我们向同学们展示国外的世界，向他们介绍非洲、美洲、欧洲的文化。支教活动能够让农村孩子有机会接触多元文化，培养他们对英语的学习兴趣，让他们和我一样有一个走向世界的梦想。世界本是多元的，我以自己的方式让中国和非洲的朋友了解彼此更多的文化。

梦想，每个人都有，无论是中国人还是外国人。每个人都在生活的路上奔跑，寻找、追求着属于自己的梦想。从听说、到了解、到向往、再到在中国完成学业，我心中一直都有一个中国梦。我在中国学习了专业知识，在中国了解了风土人情，在中国见证了社会主义国家的强大，并深入了解了中国特色社会主义国家的发展之路。这些年我看到中国的科技不断更新，人民幸福指数不断提高，我觉得这就是我心中的乐土。我永远不会忘记 2008 年北京奥运会开幕式上 3000 名演员着古代衣冠齐诵《论语》的场面带给我的震撼，其中“四海之内，皆兄弟也”表达了中国人民欢迎远方朋友的热情。多年来我在中国学习化学工程技术，我喜欢在中国做科研，技术的不断更新让我一直能保持前进的动力。中国是一个开放的国家，对外国人的开放和接纳程度不断提高。外国人来中国求学、工作、定居都变得更加容易。中国有很多大型的学术交流活动，使我能够与国际上著名的工程师进行学术交流。我喜欢中国的文化、中国的美食、中国的人民。我在这里编写了自己的中国故事，倾注了对中国的太多情感。只有真正来过中国的外国人才知道什么是真正的中国、中国的强大到底体现在何处。未来之路，不忘初心。我将始终铭记毛主席的奋斗精神，潜心科研、教书育人，在这片充满希望的土地上，以园丁和科技工作者的角色，浇灌更多的向阳之花！

2013 年 3 月 25 日，习近平主席在坦桑尼亚达累斯萨拉姆发表演讲，强调中非“从来都是命运共同体”。2015 年 12 月，习近平主席出席中非合作论坛约翰内斯堡峰会时提出，把中非关系提升为“全面战略合作伙伴关系”，并首次使用“中非命运共同体”的提法。在 2018 年的中非合作论坛北京峰会上，习近平主席又提出“共筑更加紧密的中非命运共同体，为推动构建人类命运共同体树立典范”。中国对中非关系的高度重视为中非命运共同体赋予了更加丰富的内涵。在新发展阶段和新的国际形势下，中非“一带一路”合作为实现民族复兴的“中国梦”“非洲梦”创造了更多的机遇。而今中国和非洲都进入了历史上最好的发展时期，中非建设面向未来的命运共同体需要我们一代又一代人的努力。全力参与中非高质量共建“中非命运共同体”是我的人生选择，更是中非友好事业赋予我的时代使命。作为新时代的非洲青年，我有责任和义务充当促进中非文明交流互鉴的桥梁，充当共建“一带一路”的骨干，积极主动地关注和参与中非友好事业，为构建中非命运共同体贡献自己的力量，用坚定的信念乘风破浪，用向上的力量礼赞生命。我坚定地相信，中国和非洲能携手走出一条更有特色的自主创新道路，推动经济发展和社会进步，构建新时代中非命运共同体，绘制出未来中非发展更加壮丽的蓝图。

我所感知的中国

〔尼日利亚〕王泽煦（Ukwuoma Chiagoziem Chima）

个人介绍：

Ukwuoma Chiagoziem Chima，又名 Pachigo（中文名：王泽煦）来自尼日利亚。他曾在尼日利亚奥维里联邦理工大学（FUTO）获得工程学士学位，在中国的电子科技大学获得软件工程（理学）硕士学位。作为中国留学基金委 2020 年国际博士奖学金的获得者，王泽煦是电子科技大学信息与软件工程学院的博士生，研究兴趣包括对象检测和分类、注意机制、医学成像、植物疾病检测，并以第一作者或合作作者身份发表多篇 EI 会议论文和 SCI 期刊论文。他曾任电子科技大学国际学生会主席，美国学术五项全能/美国学术十项全能中国站比赛评委，世界青年外交使者大赛评委，专业课“文化差异与跨文化传播”、“嵌入式系统和设计”、“中国电影欣赏”与“中国调查”助教。他曾获得电子科技大学研究生二等学业奖学金、信息与软件工程学院优秀学生奖、成都双百社区国际友好邻里中心亲善大使称号、成渝经济圈国际学生创新竞赛一等奖、信息与软件工程学院博士生优秀学术成就奖和优秀表现奖等荣誉。

作为一名来自尼日利亚的留学生，“中国”二字给我们非洲年轻人带来了两个印象：以电子产品为主的进出口商品；成龙、李连杰、李小龙等知名电影演员。而谈到学术、友好的对外政策、技术、经济等，人们受到互联网上只言片语的影响，通常会联想到欧洲国家。

中国有句老话说，“读万卷书不如行万里路”。来到中国学习，启发了我如何思考和分析在一个国家的所见所闻。毫无疑问，中国的确在学术、技术、经济、反腐倡廉、友好政策等方面都取得了令全世界震惊的巨大进步。我在中国学习了很长时间，亲身感受和认知了中国的社会和文化，并对中国有着高度的认可。

2018 年，我选择在中国著名的电子科技大学攻读硕士学位，从此与中国结下了不解之缘。在此之前，我对这个国家还不甚了解。中国就像是另外一个星球的国家。自人类文明伊始，这个伟大的国家就令世人叹为观止。中国最令人印象深刻、最可爱之处是她的人民。他们心思细腻、乐善好施，善于时间管理，长于想出创造性的方法来帮助他人。2018 年 9 月，我来到中国的成都，最初的几个月很艰难，但在学长们的帮助下，我逐渐适应了新的生活方式。当学校组织我们学生去某个村庄进行短途旅行时，农家乐主人的热情好客和他们准备的传统美食让我十分惊喜。他们知道我们不会讲中文，于是就想方设法打破沟通障碍，让我们感到自在。在中国文化中，食物不仅仅用于果腹，还蕴藏着不同的情感。例如，面条就象征着长寿。烹饪对许多中国人来说不仅是一种生活方式，还是一种表达爱的语言。

以茶会友，共享茶香。作为一个茶迷，我被中国品茶的精髓所吸引，努力尝试了解喝茶、品茶所带来的种种益处。在中国的文化中，恰当的饮食可以起到保健身体的作用，而茶叶对于大多数人来说，正是一种天然保健饮料。中国人认为，茶叶饮用得当可以起到止渴、消食、除痰、提神、明目等多种作用，沏茶、泡茶这一过程则有助于修身养性、舒缓心情。我对这些茶文化深信不疑，并坚持每天都喝茶，这对我的健康有很大的益处。

在中国的抗疫斗争中，中国政府的管理能力、社会动员能力深深震撼了我。在此期间，我花时间在政府管理层面上分析了一些国家抗疫失败的原因。在这段时间里，我最大的发现就是中国政府拥有强大的执行力，各省、市、区都及时贯彻落实党中央的指示。我记得当时我和电子科技大学国际教育学院时任院长邸爱英教授就中国的法治和政策执行问题进行了交流。通过讨论，我开始更加热爱中国和中国的领导人。我可以大胆地说，任何一个想要发展繁荣的国家都应该向中国学习，借鉴中国的领导方式。据我所知，有些国家的州、地方政府的领导没有认真执行国家政策，总统也没有权力监督他们的所作所为，这导致了国家政策和项目实施的失败。但是，在中国，大家坚决贯彻落实党中央的决策，没有人能凌驾于法律之上。

深入了解中国政府与中国社会治理模式，会发现不少公民都高效地参与其中。“任何人都不能凌驾于法律之上”这一观念在中国得到了很好的实践，值得其他国家学习和效仿。我看到，一位领导人在他的岗位上居安思危，兢兢业业，只为海晏河清。对于中国的领导制度来说，最高级别领导层制定规则，而该规则适用于每一位公民。在政策执行的每个阶段，如果出现了任何问题，领导者都要承担责任。如果将这一问责方式应用于非洲，非洲国家将实现更快发展。一位好的领导人不应只想着从国家的经济中渔利，而是要提高国家的管理能力，让每位公民都能为国家的经济发展和社会进步作出贡献。

中国人的敬业精神、谦逊品格，以及对效率和时间管理的重视是最令我称赞的事情之一。说到奉献精神，我记得我们的一位教授出差前通知我们，他出差期间将会停课，但我没想到他会为我们安排额外的时间来补课，这让我们这些年轻人既惊讶又很受鼓舞。尽管中国人常说“健康就是财富”，但我却经常看到教授们在身体抱恙的情况下仍坚持来给我们上课。老师们严谨的教学方式和他们对课堂讨论的认真态度，让我更加敬重他们。我清晰记得一个上午，我们正准备上随机与概率课，我们的教授因为校车的小问题迟到了 10 分钟。我们觉得这没什么关系，至少教授现在就在这里讲课，并没有耽误我们太多，但他还是道歉并解释了迟到的原因。

事实上，说到敬业，我认为还得数中国人。看看风雨无阻扫马路的环卫工人，看看给道路洒水的师傅，看看那些修剪花草树木的园丁——看看所有工作的中国人，你就不难发现他们对自己的工作有多么投入。我曾和宿舍阿姨闲聊。我问她，为什么都下雨了，你们还要擦地板？她笑着说，“我是负责宿舍清洁的，我得认真工作”。这就是我认为的敬业精神。

如果说中国人有什么品格是最常见的，那么谦逊就是其中之一。例如，习近平主席对北京大学孟加拉国留学生阳光及其团队的回信，这绝不是出于“主席之责”的政治表演。而且，大多数领导人甚至可能不会真正去读那样一封信。但习近平主席不同，他像一位慈父，心中装着年轻人，关心他们的想法。不仅如此，在新冠疫情暴发的2020年，令我吃惊的是，成都市市长竟会来校慰问。他让学生们尤其是留学生们放心，说我们在学校里很安全。即使他对明天会怎样没有百分百的把握，他也给了我们信心，让我们相信我们是安全的。他在讲话时，也像是一位年长的哥哥在和自己的弟弟妹妹们说话。这些虽然是小事，但对于领导工作而言很重要，能让公民们觉得自己是一个有价值的人。此外，我也不会忘记电子科技大学的领导、老师们和其他工作人员。大多数时间里我们一起骑车，一起在同一张桌子上吃饭，一起在他们的办公室里畅所欲言、放声大笑。

中国人时间观念强。这是我对中国人的又一个深刻印象。从中国人的一日三餐到交通出行，从接受教育到上班工作，我看到了时间管理对每个人来说都是那么重要。中国人珍惜时间，是因为他们坚信“一寸光阴一寸金，寸金难买寸光阴”。

在世界上，很多国家由于各种原因失去了它们的文化遗产，致使它们的国民无法捍卫亦无法言说自己的“根”。但相信我，中国在保护古物和传统文化方面经验丰富。在中国，传统文化被视为国家遗产，并设有国家法定节假日来纪念先民及其所代表的文化。最令人拍案叫绝的是，这些景点还能作为吸引游客的手段。孩子们可以和父母一起去参观名胜古迹，学习历史知识。对于历史教育而言，并非所有知识都能靠课本获取，参观展览和旅游也很重要。作为一名留学生，我今天所知道的80%的中国文化和历史，都是在学校经常组织的博物馆之行中获得的。我去过一些地方，如展现了古蜀文明的广汉三星堆博物馆，展示了公元前12世纪至公元前7世纪古蜀王国历史文化变迁的金沙遗址博物馆，展出了32万余件文物的四川博物院等。此外，成都蜀锦织绣博物馆展示了蜀锦手工编织的全部过程，以及蜀锦和刺绣的历史与文化；成都武侯祠展现了三国时期的历史文化。

关于非洲的伊博族，我们的父亲给我们讲了许多故事。但当你上网查询伊博族的同一个故事时，你会看到不同的版本，因此没有人知道哪个版本是真实的。如果我们伊博族也像中国一样重视文化保护，那我们还会有这样的困惑吗？

中国政府在安民乐业方面的成就值得称颂。看看成都的生活成本，不管你赚多少钱，每人每天都能吃得起像样的三餐。人们吃着干净、卫生、健康的食品，生活也会变得更轻松、更快乐。

中国的大多数社区都有一个独特的场所——“体育公园”。无论中国人在一周内有多忙，大部分人每周至少单独或和家人们一起运动一次。我最感兴趣的是老年人的锻炼。运动是一种保持健康的方式，中国人热爱生活，热爱自己的国家，为自己的国家感到自豪，对国家的未来充满信心。

中国道路与中国发展

〔马里〕赛杜（Seydou Dramane Kone）

个人介绍：

Seydou Dramane Kone（中文名：赛杜）来自马里，2014年在巴马科大学获工商管理学学士学位。2016年底到2018年年中，塞杜在马里孔子学院学了一年半的汉语，并顺利通过了中国汉语水平三级考试（HSK3）。2018年获得中国政府奖学金，在长安大学攻读硕士学位并获优秀研究生奖。2021年获得中国政府奖学金，在长安大学经济与管理学院攻读物流工程与管理博士学位，专业是物流工程与管理，研究方向是物流可持续性、新技术对物流的影响。作为非洲来华留学生的一员，赛杜参加了中国非洲研究院举办的首届非洲留学生论坛，并从此次活动中获益匪浅。他认为，非洲国家可以从中国的发展模式中获得启示，进而促进非洲国家自身的发展，特别是当地经济的发展。

现今，无论世界上什么地方，人们都能获悉很多关于中国飞速发展的新闻，包括中国共产党是如何让中国变得更加富强，让中国人过上更好的生活的事例。因此，世界各地愿意来中国留学或工作的人也越来越多。体验中国的发展并从中学习其发展模式是我高中毕业后的梦想之一。到后来，我终于如愿以偿，以留学生身份来到了中国。

中华文明源远流长，它孕育了中华民族顽强不屈、不怕困难的宝贵品格。中国共产党领导中国人民脱离险境走向富强，取得了一个又一个胜利。中国共产党成立一百多年来，始终不忘初心、牢记使命，全心全意为人民服务，为中国人民谋幸福，为中华民族谋复兴。

新中国成立后，中国共产党就明白只有自力更生、艰苦奋斗才能立于世界民族之林，所以中国共产党把大部分的时间和精力都投入到了新中国的建设发展上。现在，中国在很多领域都处于领先地位，比如基础设施、医药等。改革开放以来，中国成为世界制造业中心，在世界任何国家的市场上都常能看到“Made in China”（中国制造）的商品。2008 年全球金融危机期间，中国在稳定世界经济方面发挥了重要作用，赢得了国际社会的广泛赞誉。

除了大城市以外，乡村也是中国共产党的“主战场”。中国共产党采取措施改善农民的居住环境，防范化解重大风险、精准脱贫、治理污染，确保所有生活在现行贫困线以下的农村贫困人口全部脱贫。现代化一直是农业发展的目标，为此，中国共产党在乡村逐步推进农业机械化、电气化、水利工程建设和化肥施用，努力使农村和城市基础建设更加平衡。我去过陕西的韩城、合阳等一些农村地区，发现当地的基础设施发展水平已经超出了我的预期，中国的经验值得其他发展中国家政府学习。

对于中国共产党所取得的成就，不仅是中国人民，其他国家的民众和政党也对中国共产党十分钦佩。如今，中国人更加为祖国感到自豪和骄傲，在首届非洲留学生论坛上，有一些会讲法语和英语的中国学生代表在场，每次发言第一句话就是“最美的中国”，足见他们以身为中国人而自豪。

中国共产党还将可持续发展视为其最重要的发展方式之一。从大城市到小村庄，中国共产党和中国政府希望并鼓励各个行业追求可持续的发展方式。在第二届联合国全球可持续交通大会上，习近平主席发表了精彩演讲，他不仅表达了对中国可持续发展的信心，也表达了对全世界可持续发展的关切。习近平主席表示，要发挥交通先行作用，加大对贫困地区交通投入，让贫困地区经济民生因路而兴。要加强南北合作、南南合作，为最不发达国家、内陆发展中国家交通基础设施建设提供更多支持，促进共同繁荣。要大力发展智慧交通和智慧物流，推动大数据、互联网、人工智能、区块链等新技术与交通行业深度融合，使人享其行、物畅其流。要加快形成绿色低碳交通运输方式，加强绿色基础设施建设，推广新能源、智能化、数字化、轻量化交通装备，鼓励引导绿色出行，让交通更加环保、出行更加低碳。①

中国自古以来就是礼仪之邦，儒家思想“仁”“义”“礼”“智”“信”深刻地影响着中国的文化。中国对内对外都同样“仁爱”。“一带一路”倡议的提出便是中国努力增进与各国人民友谊、推动人类社会和谐发展的体现。“一带一路”是促进沿线国家和地区经济、政治、文化、社会和生态可持续发展的倡议。它为中国发展成为值得信赖的大国发挥了积极作用。目前，一共有 140 多个国家参与共建“一带一路”，因为“一带一路”不仅有助于促进全球贸易，有助于发展中国家消除贫困、实现发展，还为所有参与国提供了发展机遇。事实上，中国一直希望与世界各国建立更加和谐、稳固的合作关系。

中国梦也是全球梦。发展、稳定与和平的世界不仅造福中国人民，也造福世界各国人民。在中国共产党的领导下，中国内政和外交不断取得显著成果，中国的发展也为世界和平与繁荣作出了贡献。如今，不仅是中国，全世界都在关注中国共产党及其影响力，甚至一些西方国家人士也表达了对中国共产党治国理政经验和方略的认同。

不同于资本主义国家，中国的优势正在于中国始终选择与全球其他国家共同发展。例如，“一带一路”倡议的目的之一就是让世界变得更美好。对不少国家来说，“一带一路”已成为包括道路与交通、物流、大宗商品产业供应链在内的基础设施建设的源头，促进了区域间贸易，增强了各国对境外投资的需求，减少了“一带一路”沿线国家的物流成本，从而使全世界受益。实施“一带一路”倡议，是中国通过和平方式参与世界市场，通过有意义的协商和共赢的方式与其他国家合作的具体体现。与某些西方国家不

① 《习近平在第二届联合国全球可持续交通大会开幕式上的主旨讲话（全文）》，中华人民共和国中央人民政府网站，2021 年 10 月 14 日，https://www.gov.cn/xinwen/2021-10/14/content_5642639.htm，最后访问日期：2023 年 6 月 5 日。

同，中国从不强迫发展中国家签署以扩大合作为名，实则攫取他人资源的协议。显然，“一带一路”倡议可以促进全球真正的、可持续的繁荣。

中国的外交政策始终坚持“互相尊重领土和主权完整、互不侵犯、互不干涉内政、平等互利、和平共处”五项原则。“一带一路”倡议就是这一政策的延续。共建“一带一路”有助于造福包括非洲国家在内的各国人民。因为大多数非洲国家都是发展中国家，我认为共建“一带一路”可以成为非洲实现发展目标的途径之一。中非人民应该加强团结合作，相互支持，实现各自梦想。

我相信，到 2049 年中华人民共和国成立一百周年之际，中国将成为世界上最繁荣、最强大、最发达、最和谐的社会主义现代化国家。

我所了解的中国与中非关系

〔喀麦隆〕高飞（Patrice Monkam）

个人介绍：

Patrice Monkam（中文名：高飞），清华大学喀麦隆籍留学生。目前在清华大学自动化系控制科学与工程专业攻读博士学位。2018年获得沈阳建筑大学计算机科学与技术硕士学位，2019年获得东北大学生物医学工程硕士学位。高飞非常热衷于利用他的多学科背景为世界科学进步作出贡献，主要专注于为改善发展中国家的生活条件提出可持续的解决方案。

作为一名已经在中国生活了6年多的非洲留学生，我游览过中国许多壮丽的山川，参观过许多名胜古迹。我想和大家分享我在中国的所见所闻，以及在中国学习生活的体会和感悟。同时，因为我来自非洲，我想向大家讲述我对中非关系的了解。虽然我只是一名普通的留学生，但我还是想要做一名连接中国与非洲的文化使者。以下是我想和大家分享的内容。

杜环是第一个历史上有记载到达非洲的中国人。公元751年在恒罗斯之战中，中国人杜环被阿拉伯人俘虏，凭借重要战俘身份受到了阿拉伯人的优待，并跟随阿拉伯军队游历了西亚和北非的许多地方。他于762年回到中国，并写了一本关于他的旅程的书——《经行记》。此后，摩洛哥探险家伊本·巴图塔（Ibn Battuta）在14世纪前往中国，然后带着东方的故事返回北非。

1956年5月，埃及成为第一个与新中国建交的非洲国家。几年后，摩洛哥、阿尔及利亚、苏丹等10多个非洲国家与中国建交。此后，越来越多的非洲国家对与中国的合作产生兴趣，到20世纪70年代末，共有44个非洲国家与中国建交。最初，这些外交关系植根于中国和非洲之间相互的政治、外交支持。一方面，中国支持非洲的独立运动，不仅提供道义支持，还提供物质和行动支持。例如，中国向非洲国家提供无息贷款，并通过派遣工程师、医生和技术人员等方式为非洲发展提供帮助。另一方面，许多非洲国家支持恢复新中国在联合国的合法席位。1971年10月25日，第26届联合国大会通过了第2758号决议，以压倒性多数的投票结果恢复中华人民共和国的合法席位。共有76个国家投了赞成票，其中有26个是非洲国家。

近几十年来，中国与非洲国家的经济联系和人文交流日益密切。中非合作论坛（FOCAC）成立于2000年，旨在促进中国与非洲之间的“南南”合作。中非贸易额从1978年的7.65亿美元增长到2017年的1700亿美元，增长了200多倍。[①] 许多中国企业在非洲投资兴业，在交通、电力、电信、工业园区、农业技术中心、供水、学校和医院等领域开展项目。到2018年，有8万余名非洲学生在中国学习，比去美国或英国留学的还要多。到2020年，中国已在35个非洲国家开设了48所孔子学院和23个孔子课堂。此外，中国大学与非洲大学建立了许多合作关系，以促进跨文化交流，增进相互了解。

总之，中国和非洲是患难与共的好兄弟，也是共同发展道路上的好伙伴。在中国的发展历程中，有许多经验值得非洲学习和借鉴。深入学习和把握中国的发展经验，有利于解决非洲问题，实现中非共同发展。

2021年7月1日，是中国共产党成立一百周年纪念日。中国各地为此举办了隆重的庆祝活动。通过学习我知道，中国共产党的诞生是中国历史上开天辟地的大事。从此，苦难深重的中国人民开始掌握自己的命运，谋求民族独立、人民解放和国家富强。

---

① 《团结合作　共铸未来——中非构建更加紧密的命运共同体》，光明网，2018年7月26日，https：//m. gmw. cn/baijia/2018-07/26/30095717. html，最后访问日期：2023年6月5日。

根据我的了解，中国共产党百年历史大致可以划分为四个时期。（1）1921年7月中国共产党建立至1949年10月中华人民共和国成立，是新民主主义革命时期，中国共产党在这一时期完成了中华民族救亡图存的历史伟业。（2）1949年10月至1978年12月中国共产党的十一届三中全会召开，是社会主义革命和建设时期。中国共产党从学习苏联到“以苏为鉴”，经过20多年的奋斗，使得新中国初步建立起独立的比较完整的工业体系和国民经济体系。（3）1978年12月至2012年11月中国共产党的十八大召开，是改革开放和社会主义现代化建设新时期。中国共产党在改革开放和社会主义现代化建设新时期，团结带领中国人民实现了中华民族从站起来到富起来的伟大飞跃。（4）2012年11月至今，是中国特色社会主义新时代。2012年中国共产党的十八大召开以来，以习近平同志为核心的党中央，团结带领全党全国各族人民，举旗定向，谋篇布局，将理论和实践结合，深刻回答了新时代坚持和发展什么样的中国特色社会主义、怎样坚持和发展中国特色社会主义这个重大时代课题，创立了习近平新时代中国特色社会主义思想，全面建成了小康社会。新时代党的面貌、国家的面貌、人民的面貌、军队的面貌、中华民族的面貌发生了前所未有的变化。这些变化，深刻影响了中国，也深刻影响了世界。

中国共产党百年奋斗，积累了宝贵经验。这些经验弥足珍贵，概括起来有以下几个方面。

（1）坚持马克思主义的指导地位。中国共产党是在马克思主义指导下建立起来的无产阶级政党。马克思主义是党的思想旗帜、精神旗帜。习近平总书记指出：“马克思主义是我们立党立国的根本指导思想。背离或放弃马克思主义，我们党就会失去灵魂、迷失方向。”①

（2）坚持以人民为中心。中国共产党除了工人阶级和最广大人民群众的利益外，没有自己的利益，更没有自己的特殊利益。习近平总书记指出：“人民是我们党执政的最大底气，是我们共和国的坚实根基，是我们强党兴

① 习近平：《习近平谈治国理政》（第二卷），外文出版社，2017，第33页。

国的根本所在。”①

（3）坚持把发展作为党执政兴国的第一要务。贫穷不是社会主义，解放和发展社会生产力，增强社会主义国家的综合国力，是社会主义的本质要求。习近平总书记指出：“发展是党执政兴国的第一要务，是解决我国一切问题的基础和关键。”②

（4）坚持深化改革开放。改革开放是当代中国发展进步的活力之源，是党和人民大踏步赶上时代前进步伐的重要法宝，是坚持和发展中国特色社会主义的必由之路。习近平总书记指出：“改革开放是我们党在新的时代条件下带领人民进行的新的伟大革命，是当代中国最鲜明的特色，也是我们党最鲜明的旗帜。”③

（5）坚持科学执政、民主执政、依法执政。科学执政、民主执政、依法执政，是中国共产党在长期执政实践中探索形成的符合中国国情的执政方式。习近平总书记指出：“必须适应国家现代化总进程，提高党科学执政、民主执政、依法执政水平，提高国家机构履职能力，提高人民群众依法管理国家事务、经济社会文化事务、自身事务的能力，实现党、国家、社会各项事务治理制度化、规范化、程序化，不断提高运用中国特色社会主义制度有效治理国家的能力。”④

以上经验有些是中国独创的，这些经验可以为其他国家的政党和人民提供参考借鉴，比如以人民为中心、坚持开放与包容。

100 多年来，中国共产党始终得到中国人民的衷心拥护，团结带领中国人民赢得了新民主主义革命，创造了社会主义革命和建设、改革开放和社会主义现代化建设、新时代中国特色社会主义的伟大成就，这其中的一个具体体现就是中国减贫的奇迹。

中国共产党一直非常注重扶贫工作，并把“消除贫困人口”作为国家

---

① 习近平：《习近平谈治国理政》（第三卷），外文出版社，2020，第 137 页。

② 习近平：《习近平谈治国理政》（第二卷），外文出版社，2017，第 234 页。

③ 习近平：《习近平谈治国理政》，外文出版社，2014，第 86 页。

④ 习近平：《习近平谈治国理政》，外文出版社，2014，第 104 页。

战略目标。2013 年，习近平总书记在湖南湘西考察时提出了“精准扶贫”的理念，之后这个理念一直是中国扶贫的重要指导思想。

在“精准扶贫”的概念里，有一条是“措施到户精准”，也就是基层党员干部会根据每家每户的情况，制定真正能够帮助他们脱离贫困的方案。比如，扶贫小组与农业研究部门合作，向贫困农户传授先进的种植方式，提高他们的农产品产量和质量，然后再通过淘宝等电子商务应用和互联网主播带货的方式，帮他们把这些农产品销售出去，这样既可以帮助他们提高种植农产品的本领，还能保障农民的收入。此外，一些贫困地区还会得到富裕地区对口帮扶。富裕地区给贫困地区提供产业支持，帮助修建一些工厂，这样当地的就业问题就得到了解决。再比如，对于一些大山深处没有能力修建工厂也没有种植条件的地区，政府会采取“易地搬迁”的方式，在交通更加便利的地区给大家修好集中的住房，再帮助他们解决就业问题。这些措施是根据中国各地实际情况制定的，对其他需要解决贫困问题的国家也很有借鉴意义。从我个人的角度看，以下几条措施对我的家乡和其他非洲国家也比较适用。

第一，几乎每个非洲国家的农村都有非常肥沃的土壤，这对于良好的农业生产是必不可少的。然而，生活在这些地区的一些人没有足够的资金进行大规模农业生产。因此，为农村居民提供农业设备有助于提高农产品产量，从而有助于降低贫困率。同时，他们努力生产的小农产品，有时可能会因缺乏良好的道路，无法及时运输到城市进行销售而变质。在贫困地区建立小工厂，不仅可以就地加工时令农产品，避免因道路不畅造成的损失，还可以为当地创造新的就业机会。

第二，直播营销方式在非洲国家可能非常有效。它对产品生产者和消费者相互了解起着非常积极的作用。因此，非洲各国政府应制定新政策，鼓励当地电视台和广播电台进行直播营销，这可能有助于当地农民脱贫，加快该国的经济发展。

第三，农村人口外流正在显著影响非洲国家的发展。一方面，人们离开小城市或乡村外出谋生，使大城市变得非常拥挤；另一方面，大多数生活在农村的人又没有任何技术技能来增加收入。因此，非洲各国政府可以制定相关政策，鼓励一些大公司和企业在小城市和乡村设立分支机构，并且为受教育程度低且没有职业技能的青年组织职业培训计划，然后再设法安排他们就业。这种方法在中国已被证明是非常有效的。

总之，在中国生活这几年，我去了中国许多地方，也算对中国有了一定的了解。如果不主动实地考察体验，不用自己的眼睛观察，就不会真正懂得中国。我希望每一个在中国的外国人，包括外国留学生特别是非洲留学生，都能成为中国与自己本国或地区连接的桥梁、文化交流的使者、共同发展的促进者，让世界更深入地了解中国，让中国人民更深入地了解世界各国的人民和文化，也让全世界人民都能拥有美好的未来。

我心中的中国人和中国非洲研究院

〔加纳〕翁塞（Philip Kofi Alimo）

个人介绍：

Philip Kofi Alimo（中文名：翁塞）来自加纳共和国，2012年本科毕业于加纳夸梅·恩克鲁玛科技大学土地经济专业。2020年获得中国政府奖学金，在兰州交通大学攻读物流管理硕士学位，并获优秀研究生奖。2021年获得同济大学国际博士奖学金，是交通运输工程学院交通运输工程专业的博士研究生，研究方向是可持续城市交通、交通行为分析和交通政策，同年获得同济大学校长奖学金。翁塞牵头成立了加纳-中国学者联盟和非洲-中国学者研究所，这些机构成为在华非洲留学生和在非中国留学生的合作平台。翁塞热爱中文，喜欢兰州牛肉面，喜欢演奏和表演非洲音乐和舞蹈。

截至2018年，在华学习的非洲留学生数量已有8万多人，占在华外国留学生的16%。笔者来自非洲的加纳，也是在华非洲留学生的一员，而且在中国学习、生活了5年。在华非洲留学生需要了解中国和中非关系，在此我想说说自己在中国学习的相关感悟和体会。

在中国的5年，笔者通过与中国同学和导师的接触，特别是从他们对待工作、学习和生活的态度，观察到中国人普遍具有的一些优良品质。笔者将其归纳为重视合作、热爱祖国、勤劳肯干、集体优先。

中华民族具有团队精神。进行团队合作、建立伙伴关系在中国是很常见的。例如，中国人会集体学习，集体进行体育锻炼。这些做法虽然看起来很平常，但这有助于培养团队精神、增强凝聚力。一方面，团队合作有助于科研工作的开展，团队精神使得中国科研人员之间建立了牢固的合作关系，进而能够及时交流和分享科研成果。另一方面，团队合作也是企业发展、兴旺的源泉。中国人喜欢与同胞分享在国外的学习和经商等方面的经历，这可能是中国商业网络具有弹性的原因之一，也可能是中国人的足迹遍布全球的原因之一。

众所周知，中国人民是热爱祖国的。爱国是中国人民给笔者留下最深的印象之一。中国人会在每年 10 月 1 日的国庆节庆祝活动中放声歌唱国歌，并欢快地挥舞国旗，连幼儿园的孩子也会表现出对祖国的热爱，这表明中国人普遍具有爱国主义情怀。“中国梦”就是指在爱国主义的旗帜下建立一个繁荣统一的国家。

中国人民勤劳肯干。中国的经济发展得益于中国人民的辛勤工作。中国的平均每周工作时间比许多国家都要长。在华外国人都知道，中国的许多服务行业即使在周末也仍然向公众开放。

中国人民是具有集体意识的。中国人的集体意识表现在共同语言（普通话）上。中国人说共同语言就是一项伟大的成就，因为世界上还有许多国家在为统一语言而努力。虽然中国存在多种方言，但在共同语言的作用下，中国人民形成了一个强大的集体。笔者认为，共同语言是中国在科学、技术和经济等方面取得突破的重要原因。试想两个人在市场上讨价还价，却无法理解对方的语言，其结果不言而喻。根据笔者的观察，共同语言也使得教和学更加容易。中国共产党推崇社会主义和集体主义，虽然这种政治意识形态在中国以外的地方存在争论，但笔者认为是完全没有必要的。

谈到中非关系和中非合作，就不得不提习近平主席的贡献。习近平主席十分重视中非合作，访问了许多非洲国家，并多次接见非洲国家领导人。习近平主席不仅提出了构建新时代中非命运共同体的主张，还非常重视非洲青年。中国政府奖学金是中非伙伴关系和中非交流的基本推动力之一。习近平主席在增加中国政府奖学金方面发挥了巨大的作用。这对非洲青年的能力培养具有重大意义，并为中国和非洲之间的学术交流创造了更加有利的条件。有研究显示，非洲学生不仅普遍对中国政府的奖学金项目感到满意，而且认为这些奖学金项目会对中非学术交流和中非友好事业起到非常积极的作用。

事实上，这些奖学金项目的确吸引了许多非洲学生来到中国学习，他们是奖学金项目的受益者，笔者也是其中的一员。笔者来到中国后，学到了许多物流和运输方面的知识。除了能接触到许多中国人，笔者和其他留学生还有机会认识来自不同国家的非洲留学生，也认识了来自不同大洲的学生。这不仅有助于人力资本的发展，而且为非洲青年发展提供了有力支持。

奖学金项目和文化交流也给中国带来了好处。越来越多的非洲人来华留学，使得汉语在非洲的传播更加广泛，因为越来越多的非洲学生开始学习中文、用中文与中国人交流。同时，奖学金项目和文化交流也能够促进中国文化传播。笔者曾带一些中国筷子回国，这些筷子受到了兄弟姐妹们的喜爱，第一次使用筷子给他们带来了很多欢乐。喝茶是一种非常健康的生活方式，受中国茶文化的熏陶，许多在华非洲留学生逐渐习惯于喝中国茶。不仅如此，奖学金项目还使一些非洲人和中国人相识相爱，最后促成了他们之间的跨国婚姻。最后，奖学金项目还有利于中非经贸往来。一些非洲学生回国后与中国朋友建立了商业合作关系。在非洲的中国企业也愿意与有在华学习或生活经历的非洲人合作，如深圳传音控股股份有限公司、华为、四达时代和一些建筑公司。这些仅仅是部分例子，奖学金项目和文化交流给中非带来的益处数不胜数。

中国非洲研究院是根据习近平主席的指示，以及 2018 年中非合作论坛峰会决议精神成立的。中国非洲研究院的功能之一是提供一个平台，使得中非学者和相关人员能够在这个平台展开与中非相关的教学、科研和学术交流活动。中国非洲研究院力求扩大深化中非学术交流与合作，为“一带一路”

建设和构建新时代中非命运共同体提供智力支持。笔者观察到，集合双方专家和智库的学术交流活动具有巨大潜力，国际学术交流已经非常普遍，许多国家都能通过国际学术交流获益。非洲大学学术机构与欧洲、美国和许多亚洲国家的大学学术机构都有长期的合作。在这方面，非洲与中国也是如此。相信中国非洲研究院能为此发挥重要和特殊的作用。

我在中国的学习生活经历

〔坦桑尼亚〕马扎里瓦·伊诺思·扎卡赖亚（Majaliwa Enos Zacharia）

个人介绍：

Majaliwa Enos Zacharia（马扎里瓦·伊诺思·扎卡赖亚），武汉科技大学坦桑尼亚籍留学生。目前在武汉科技大学医学院攻读医学学士学位，并在该校附属天佑医院实习。马扎里瓦在免疫学、外科、药理学、内科、医学诊断、妇产科等课程上均取得了优异成绩，可在专业医师的监督和指导下对病患进行问诊和开药。马扎里瓦的斯瓦希里语和英语十分流利，还会用汉语进行交流对话。

在读高中时，我就萌生了去中国留学的想法。在我的国家坦桑尼亚，医疗技术相对落后，而我的梦想是成为一名救死扶伤的医生，我认为只有中国的大学才能帮助我实现这一梦想。于是，我决定报考武汉科技大学的临床医学专业，并最终如愿以偿。这令我非常高兴和激动！就像许多外国人一样，在来到中国之前，我很自然地受到了西方媒体的影响，认为所有关于中国的正面的东西都是中国共产党的宣传。但当我真正来到中国后，我才意识到西方媒体对中国的报道有许多是违背事实的，甚至是歪曲和编造的，因为这类宣传大多出自某些别有用心者之手。

2017 年我离开坦桑尼亚来到中国，花了一年时间学习语言，一年后开始学习医学课程。说句实话，在抵达中国最初的一段时间，我在许多方面都有不适之感，比如语言、食物等。在中国留学期间，我曾面临语言障碍，这也是我第一次在非英语环境中生活。在学校里，负责语言教学的老师们都能流畅地使用英语进行沟通。但到了第二年开始学习医学专业课程时，授课老师都用中文授课且大多不讲英语，所以无法与我沟通。随着时间的推移，环境迫使我努力学习和使用中文。班级当中的一些同学可以在短短 5 个月内学会用中文沟通。但对我来说，大概过了一年，我才慢慢学会中文，而这个时候我的学长们已经拿到了奖学金。

我个人认为，虽然促使中国高速发展的原因有很多，但汉语是中国高速发展的一大文化优势。在中国，无论东西南北，人们总能使用普通话进行沟通和交流。共同的语言也让全中国容易形成一个共同的目标。我去过中国很多地方，从上海到武汉，再到广州、成都等，这些地方都有各自的方言，但同时这些地方的人又能用普通话与外地人交流。所以，我知道了学习中文、讲普通话的重要性。不仅如此，我还暗下决心要更多地了解中国的历史和文化，以及有关中国的一切。

众所周知，中国是四大文明古国之一，是一个历史悠久、文化灿烂的国家。中国人对中华文化的认同和民族自豪感，令我非常钦佩。中国是一个多民族国家，不仅有汉族，还有 55 个少数民族。中华文化博大精深，丰富多彩。除了汉语、独特的饮食和茶文化以外，中国还拥有中医、诗歌、书法、戏剧、服饰、节日和瓷器等文化遗产。中国功夫，如太极拳，与空手道、跆拳道和泰拳等相比有自己的特色和魅力。中国最隆重的节日——春节，标志着农历新年的开始。该节日定在每年农历的正月初一，在这一天，人们会以各种方式表达对先祖的思念。在农历正月初一至十五期间，中国人还有很多独具特色的风俗习惯和节日庆祝活动，比如放烟花和舞狮游行等。现在，我不仅喜欢过中国的春节，还很愿意参加其他具有中国特色的活动，比如观看戏剧、划龙舟和放风筝。

在我来中国之前，我曾听说中国人喜欢吃狗肉和蛇肉，而狗和蛇都是我最喜欢的动物。在我抵达中国后，我还提醒自己不要吃呈白色的肉，因为它可能是蛇肉；也不要吃呈红色的肉，因为它可能是狗肉。不过这样一来，剩下的选择也就寥寥无几了。生活在物产如此富饶的中国，我却不知道该吃什么，这对于我来说是一个非常棘手的问题。我曾告诉自己，如果没有人能够用英语与我交流、每天都不得不吃中国菜的话，这样的生活，我一定忍受不了，那么我就不得不选择回国了。然而，我刚到中国出机场时，就被种类多样的中国美食所吸引。就在抵达中国的两天后，中方老师邀请我们去武汉光谷一家餐馆吃饭。当时我品尝了不少中国菜，结果完全出乎我的意料，我发现中国菜的味道真的很棒，就这样我在不知不觉中摆脱了对中餐的恐惧。在中国生活的日子里，只要是摆在我面前的食物，我通通都可以吃进去，不管是天上飞的、地上跑的，还是水里游的，只要经过了中式烹饪，我就可以很享受地将其吃进肚里。于我而言，中国菜是我见过的最独特的文化遗产之一。毫不夸张地说，任何一个在中国居住的人，可以很容易做到每天三餐不重样。中国幅员辽阔，物产丰盈，这促使人们不断想办法去开发食物的种类，创新菜肴。在我看来，要治理中国这样一个大国，最重要的是要保障人民健康。早年我很惊讶地得知中国人通过动植物中的营养成分（而不是菜肴的味道、香气或包装）来衡量食物的价值。在中国的城市与乡村，上到70岁的老人，下到7岁的小孩，他们都能告诉你不同食物的特点和营养价值，比如饺子、包子和面条等。不过相比而言，我目前最喜欢的中国菜是麻辣烫。

关于科技和教育，包括大多数非洲人在内的地球人都认为科技革命正在快速席卷全球。在我的高中同学中，大部分同学留在坦桑尼亚国内，少部分有机会出国学习。我来了中国，有的同学去了亚洲其他国家，有的去了欧洲。在我的印象中，无论是在坦桑尼亚，还是在别的国家，人们普遍认为虽然中国是世界第二大经济体，但中国的科技和教育水平会不如美国。但我在中国的学习和生活经历告诉我，中国的科技和教育水平绝对超过了世界上许多国家，即便与美国相比也有自己的特色和优势。我来到中国就很快发现，在中国几乎所有的日常生活必需品均产自本国，而且不少中国制造的产品还是中国原创的。中国不断加大投资力度，以支持科技创新，力图达到世界一流水平。另外，2017年我还见证了中国高铁的飞速发展。这种列车被命名为“复兴号”，在北京和上海以及中国其他城市之间运行，是中国的陆路交通网络中的一部分。“复兴号”的列车时速最高可达400公里，是目前世界上时速最快的列车之一。

中国给我最深的印象和感受是什么？一个拥有14亿多人口的大国，不仅使自己的人民免于饥饿，生活水平还能不断提高，并成为世界第二大经济体，而且仍在继续向前发展。这些成就的取得绝非偶然，它得益于中国共产党和中国政府的正确领导，得益于习近平新时代中国特色社会主义思想的指引，得益于中国人民所拥有共同的信念和强大的执行力。希望我的祖国坦桑尼亚也能学习和借鉴中国的成功做法和经验，帮助坦桑尼亚实现经济发展和社会进步，进而不断提高坦桑尼亚人民的生活水平。衷心希望坦桑尼亚与中国的友好合作关系不断巩固和提升。最后感谢武汉科技大学使我有机会来到中国学习和生活，拓宽了我的视野，增长了我的见识，否则，就不可能有今天的我！

我在中国的求学经历

〔津巴布韦〕李娜（Zvikomborero Zinhumwe）

个人介绍：

Zvikomborero Zinhumwe（中文名：李娜），湖北工业大学津巴布韦籍留学生。李娜于 2016 年来到中国，并于同年进入湖北工业大学生物工程与食品学院攻读本科学士学位，2020 年获得生物技术理学学士学位。现在，李娜在湖北工业大学继续攻读硕士学位。她在中国生活了 6 年，在中国生活期间，她享受了旅行的美好时光，也有想念家人的悲伤时刻，但这些都让她成长，变得愈加成熟。李娜表示，她在中国学到了很多经验，并被中国人的淳朴与真诚所感动。她希望津巴布韦政府也能向中国等国家学习，将最新的科学技术运用到日常工作中。她在中国生活期间一直热衷于品尝中国的美食。她说："中国的食物有很多，即使是很简单的一道菜也有它的独特性和奇妙的味道。"

我是一名来自津巴布韦的留学生。2016 年，我来到中国，来到湖北工业大学就读本科，所学专业是生物技术。我于 2020 年本科毕业，获得生物技术理学学士学位。当时，我本打算回到我的国家和家人一起庆祝我的大学毕业，并开启我的另一段人生。然而，受新冠疫情的影响，我的回国行程被迫取消。不过，我很高兴能留在中国，因为如果我离开了，我就不能如我所愿继续攻读硕士学位了。我在中国的这段经历和记忆是极其美好和难忘的，值得我好好珍惜，并将伴随我的一生。

2016 年 3 月，我登上了前往中国的飞机。当我进入中国、抵达武汉时，首先遇到的是移民管理局面带微笑的工作人员。他们在为我服务的过程中，始终表现得非常友善，这让我感到十分惊讶。尽管入关时一切都很顺利，但我仍然感到陌生与胆怯，毕竟当时的中国对我而言是一个全新的世界，我非常担心应该如何与毫无交集的人们来往和交流。不过，当我来到湖北工业大学后，先前的担心便立刻消散，因为学校的老师和工作人员同样非常友善。

在中国的整个学习期间，我遇到了许多知识渊博、学问高深的中国老师。他们不仅精于专业，具有很高的英文水平，而且授课时还十分耐心。在我大一之时，我很难听懂中国人说的英语，但这里的老师都十分有耐心，愿意慢慢地、细心地和我沟通，帮助我理解相关内容。在我本科毕业时，我母亲专程来到中国参加我的毕业典礼。当时，她还特意就中方老师给予我的关照当面向他们致谢。

在我读书期间，我遇到了许多对我非常关心的老师，像指导我无数次实验课程的王老师、教授生物学和免疫学两门课程的孔老师、教授分析化学这门课程的史蒂夫老师，还有刘教授和实验室的所有工作人员，等等。其实，受到关心的不仅仅是我，其他非洲留学生也是如此，相信他们也有与我相同或相似的经历。同时，在学习方面，中方老师对我们还是要求颇严的。例如，胡阳老师就把我当作中国学生来对待和要求。我觉得他的敬业和勤奋似乎无人能比，他所释放的正能量让我震撼不已。

我要感谢的人太多了，不只是在此提及的那几位老师，还有其他中方人员，包括中国同学等。我所认识的刘同学就是其中一位。她为人友善且热情，她常常与我一起探讨理论知识，并向我细心讲解实验要求。我热爱学习和探索新事物，每当有中方同学主动告诉我实验室的一些细则和操作方法时，我都会感到非常高兴。我喜欢与中方同学一起交流、一起进步，这对于在异国求学的我来说，能感到莫大的轻松和愉悦。

一般情况下，我会在上完晚课后，再去学校的健身房锻炼身体，以保持良好身材，使自己每一天都能保持充沛精力。有时在结束了一天的课程后，我和其他同学、朋友还会一起外出散步，品尝美食，享受校园外的闲暇。这种经历也使我对中国有了更多、更深的了解。所以，我可以非常满意地说，我至今在湖北工业大学度过的时光是十分美好和愉快的。

我得承认，正是这段在中国求学的经历改变了我自己，让我成为全新的我。与往日的自己相比，现在我的行事风格变得简单朴实，我的学习和工作态度也变得更加刻苦和执着。我之所以能够适应在中国的学习和生活，并且不断成长和进步，是因为湖北工业大学国际学院给予了我偌大的帮助和支持。

我对中国有几大印象。首先，有一种方便叫“中国购物”。我是一个喜欢购物之人。每当我去到商场购物时，那里的服务员和销售员都会面带笑容欢迎我的到来，有的还会用英语与我沟通，这让我非常感动。我爱上的第一家商店是位于光谷的 MJSTYLE，我很愿意在那里选购款式漂亮的商品。记得我初到中国第一次遇到较大的难题是不知道如何接收家里寄来的汇款，后来我开通了一个中国招商银行的账户，因为招商银行有国外汇款服务，这让我的购物和生活变得更加便利。如今在中国，网购是非常普遍的现象，网购不仅可以买到性价比更高的商品，而且还非常方便，难怪包括我本人在内的许多外国留学生都乐在其中。

其次，有一种味道叫“中国美食”。令我无法忘怀的是，只要是在中国，无论是在学校食堂，还是在城乡各地不同的餐馆，都可以享受到美味的中国菜肴。中国美食举世闻名，色香味俱全，每道菜都有其独特的味道，而且大多数都不会让人失望。我原来不喜欢用花生酱做的食物，因为我在自己的国家吃腻了花生酱，但自从我来到中国后，当我第一次尝到热干面的时候，热干面的美味令我重拾了对花生酱的喜爱。在中国各地，美食还很容易通过网上订购的方式获取，这样不仅省时少力，而且还能保证质量。毋庸置疑，当我离开中国时，令我最难以割舍的恐怕就是中国美食。

再次，有一种安心叫“中国力量”。新冠疫情突如其来，不少人每天都过得恐慌不安。但中国政府的疫情防控和相关安排都很细致周到，只用了不长的时间就遏制住了疫情迅猛蔓延的势头，显示了“中国力量”和“中国担当”。而我所在的湖北工业大学，校领导工作思路缜密，学校里食物供应充足，饮用水能保质保量提供，而且我没有感染新冠病毒，我的人身安全得到了保证。我对此是真心感谢与感动，因为中国政府和中国人民不仅是对我个人，而且对每一个人都尽职尽责，关爱有加。这段经历我将永远铭记在心。

最后，有一种感动叫“中国医生”。我在中国有过不少就医的经历，其丰富程度甚至可以让我写一本书。我想借此机会表达对那些给予我关照的中方医护人员的感谢。为我接诊的医生都非常尽职尽责，对我的关心无微不至。记得有一次就医完后快要离开时，一位中方医生对我说，如果你遇到了任何问题，比如你晚上觉得身体不适，请速来医院，这里会有医生帮助你。中方医生还主动帮我预约疫苗接种时间。其中有一位姓李的女医生，在我每次去医院的时候，只要她得知，都会来帮助我。所有这些都令我非常感动。

关于中非关系，特别是中津关系，我有几点认识。第一，中非关系对我的国家津巴布韦乃至整个非洲都很重要。正如习近平主席于 2018 年 7 月 25 日在南非约翰内斯堡举行的金砖国家工商论坛上发表的题为《顺应时代潮流　实现共同发展》的演讲中所提到的，“中国是非洲国家天然的好朋友、好兄弟、好伙伴，中非合作是南南合作的典范”①。尽管意识形态和社会制度不同，但中非友好合作关系发展顺利，形成了双赢的局面。

第二，中非合作日益广泛和深化，这表明中国梦与非洲梦之间有着密切联系。中国梦和非洲梦的相似之处在于，双方都在努力实现自己的发展目标。经贸合作是中非合作的重点和亮点，它关乎双方的共同利益。中国公司在非洲各国投资兴业，不仅有利于非洲经济的发展，还能创造

---

① 《“真实亲诚”照亮中非合作之路》，“海外网”百家号，https：//baijiahao. baidu. com/s? id = 1610258856961466497&wfr = spider&for = pc，最后访问日期：2023 年 6 月 5 日。

更多的就业机会。中非之间的人文交流使双方人民更加了解彼此，互相包容，求同存异。中非合作还有利于双方在国际上为维护发展中国家的利益共同发声。

第三，中国与津巴布韦互为友好国家。两国高层保持着密切的来往和联系。中津双边合作涉及政治、外交、经贸、文化和教育等许多领域。2018年9月5日，中津两国就共建“一带一路”签署了《中华人民共和国和津巴布韦共和国关于共同推进丝绸之路经济带和21世纪海上丝绸之路建设的谅解备忘录》。2021年7月，津巴布韦非洲民族联盟主席兼第一书记、总统姆南加古瓦就中国共产党建党100周年向习近平主席致贺信，还视频出席中国共产党与世界政党领导人峰会并发言。在民间交往方面，我在中国的经历也使我有机会亲身感受到中国民众对津巴布韦的友好之情。今后，我希望用自己在中国学到的知识和本领，为津巴布韦的建设服务，为两国的友好合作尽力。

我与中国的缘分

〔喀麦隆〕彼得（Ndjike Pierre Paulin）

个人介绍：

Ndjike Pierre Paulin（中文名：彼得），来自喀麦隆。当年，彼得怀着对中国的热爱和对美好未来的希冀来到了中国，在湖北工业大学获得了工商管理硕士学位。目前，他在湖北工业大学担任国际学生辅导员。

我来自非洲的喀麦隆，至今已在中国学习、工作和生活了近 6 年。现在我是湖北工业大学国际教育学院的国际学生辅导员，从事这项工作已有 3 年。在此之前，我是湖北工业大学的一名硕士研究生。作为一位喀麦隆人，我为何会来到中国，并在中国工作？不妨借用中国的一种“说法”，那就是我与中国有缘分。

中国的发展现状和发展前景让我看到了实现自己梦想的曙光。多年之前，在我的家人和朋友中，没有人相信我可以去中国，因为我生长于一个贫穷的家庭，我所挣的教师工资只能满足我一个人的日常生活。显然，以我当时的经济状况，我几乎不可能出国。但由于我决心来中国，为此我非常努力地工作，并有了一些积蓄，在家人的帮助下，我实现了去中国的梦想。

为什么我去向往去中国？这得从我还是高中生的时候说起，是我高中的历史和地理老师让我爱上了中国。当时有一堂关于中国的课。那位老师专门讲到了毛泽东主席，说他是中国无产阶级革命家，是新中国的第一代领导人。从1949年新中国成立到现在，中国人民在中国共产党的领导下艰苦奋斗，把一个贫穷落后的国家建设成为当今世界第二大经济体。这引起了我的注意和兴趣。我不禁对自己发问，如果中国能够取得如此成功，为什么非洲不能？为什么非洲不学习中国这个成功的榜样？或者说，非洲要像中国一样快速发展，还存在什么困难？因此，我下定决心要去中国。让我始料不及的是，当我真有机会前往中国时，却经历了一个小小的意外。2016年10月的一天，在航空公司为乘客安排的宾馆里，所有去中国的乘客都本应在当天早上5点被叫醒去机场，但事实是唯独我没被叫到，这是宾馆工作人员疏忽造成的。在我得知这一切后，时间已经很紧了。我不得不叫了一辆出租车赶到机场，多亏一位善良的女士帮了我，将我直接送到登机口。我成了该航班最后一位登机的乘客。非常幸运的是，我没有错过这个航班。这或许也是因为我与中国有缘分。

先前，我是一名留学生，后来，我成为一位工作人员，是湖北工业大学给了我在中国实现身份转换的机会。那里既为我提供了一个学习平台，也给了我一个工作的机会，进而使我的抱负得以实现。湖北工业大学能够给人一种宾至如归的感觉，甚至有一些师生说我是半个中国人。虽然中国离我的国家很远，但我很快就适应了新的环境。我的学业和事业先后都有了收获。2017年6月，也即我到中国才半年多时间，我就获得了“优秀国际学生”荣誉。2019年，我又获得了“优秀国际学生毕业生”荣誉。2020年，我成为国际学生辅导员。我之所以能取得这些成绩，除了自己的努力外，离不开中国老师、同学等的帮助和支持。对此，我一直心存感激。我首先要感谢黄老师。他就像家里的长辈一样对我。平日里他会关心我的学业、事业和健康，节假日时他会给我送来温暖与关爱。我还要感谢马老师。她不仅在工作上对我要求严格，在我痛苦和遇有困难之时，她还会替我分忧解难。在我失去父亲的那些日子，马老师一直在安慰我，帮我走出了悲痛。若是没有她的相助，我真不知道自己会如何度过那段艰难的时日。我在中国这几年，还遇到了很多像黄老师和马老师这样的好人。他们待我如同对待自己的家人。我甚至认为自己是世界上最幸运的人。我想坦白地说，我在中国的感觉真的很好，我现在认为中国是我的第二个“祖国”。这不仅是因为中国为我个人的发展提供了良机——我在中国获得了硕士学位、有了一份满意的工作，更因为我在中国有了像黄老师、马老师这样的“亲人”和朋友，深切感受到了他们对我的信任、支持和关爱。

2020 年伊始，新冠疫情突然来袭。我所在的城市武汉首当其冲。当时，我才担任国际学生辅导员不久，便全身心投入了封城期间维护国际学生日常生活的工作。出于对国际学生的关爱与作为辅导员的责任，我一直与同事们携手抗疫，共同奋战，并在 2020 年 12 月被授予“抗疫模范”的荣誉称号。我还很幸运地被各类媒体报道，如广播、电视、报纸、杂志，以及网络媒体，具体包括湖北广播电视台、中国中央电视台、中国国际电视台和《中国日报》等。能在中国参与抗击新冠疫情，是我人生的一段特殊经历，也是我一生难忘的回忆。湖北工业大学曾刊发题为《登上央视新闻，湖工大老师好样的》的报道，详细描述了在疫情期间我与同事共同抗疫的过程。事实表明，我和同事抗击疫情的努力没有白费，在大家的共同努力下，武汉和中国顶住了新冠疫情的袭击，没有被它所击倒。我也对自己能为这场抗疫斗争贡献微薄力量而感到自豪与骄傲。在喀麦隆我曾是一名优秀老师，在中国我也应该是“好样的”。

作为一个非洲人，作为一个喀麦隆公民，我一直非常关注中非关系，特别是中国与喀麦隆之间的关系。我知道中国一直是非洲国家的支持方和帮助方，为此不惜顶着西方大国的压力，这令我十分感动和感激。2000 年中非合作论坛设立后，中非友好合作关系更是有了长足的发展。由于中非双方在发展阶段、发展状况和自然资源禀赋等方面存在着差异，中非在经贸合作方面具有较强的互补性。通过中非合作的方式，中国为许多非洲国家提供了支持和帮助，具体涉及基础设施开发、电力能源建设、产能合作等，受益的非洲国家有尼日利亚、埃塞俄比亚、津巴布韦、阿尔及利亚、赞比亚、安哥拉等，当然也有我的祖国喀麦隆。据我所知，中国在改革开放后经济高速发展，综合国力不断增强，这给喀麦隆这样的欠发达国家带来了福音。中喀双边贸易额和经贸合作项目数量也因此迅速增加，如喀麦隆首都雅温得的国民议会大楼项目、在喀麦隆北部地区建造的重要水电项目——拉格都水电站项目等。它们有益于喀麦隆的经济发展，以及国内社会福利水平的提高。

在中国的经历，使我有了“零距离”观察、感受和体验中国的机会。我对这个国家一直充满着好奇。中国不仅是一个人民友好、风景如画的国度，而且商品极其丰富，生活十分便利。中国开放包容，热情好客，这在有些国家是非常鲜见的。中国更有许多令人流连忘返的名胜古迹，如万里长城、北京故宫、江南三大名楼等。只要你来过中国，你就会被她的魅力所倾倒。在中国的经历，丰富了我的生活和我的文化认知。例如，中国美食就令我喜爱不已。在中国，我体验了博大精深的饮食文化。对我来说，中国菜是我所接触过的各类饮食中最为独特的一种。我曾多次告诉我在喀麦隆的亲友：你可以在中国生活一整年而每天都吃不一样的菜。当然，我也跟他们说过，中国火锅是我的最爱。

在中国的经历，让我焕然一新，因为这段经历不仅让我学到了很多东西，还使我的人生观得到改变、完善和提升。在中国我学会了自我管理，学会了对他人要心存宽容，学会要有团队合作精神等，这些将使我终身受益。我意识到，“路漫漫其修远兮，吾将上下而求索”。

我的中国印象

〔刚果（金）〕李想（Scheel Mutombo Kianga）

个人介绍：

Scheel Mutombo Kianga（中文名：李想），对外经济贸易大学刚果（金）籍留学生。他曾获金沙萨大学国际关系学学士学位，现在是对外经济贸易大学国际关系专业的硕士研究生，同时也是金沙萨大学国际关系系初级讲师。

2019年8月，当我离开刚果（金）前来中国的北京留学时，还真的有几分紧张和不安，毕竟，对当时的我来说，中国是一个非常陌生的国度。我不仅说不了几句普通话，对这个国家的了解也是十分有限。然而，让我意外的是，就在我来到中国不久后，当初的那种紧张和不安很快就消失了，我甚至开始对这个国家有了一种亲切的感觉。在此，我想说说自己对中国印象颇深的几个方面。

记得我在刚刚抵达北京时，便被这座超大型的现代化国际都市所震撼。眼前的高楼大厦、宽阔马路、优雅环境，以及便捷、完善和发达的基础设施等，令我有些始料不及，尽管此前也知道中国近些年发展较快。随着对中国的了解越来越多、越来越深入，我还发现中国民众大多遵纪守法，尊重他人，整个社会也是秩序井然，有条不紊。在我看来，这或许就是中国能够快速发展的原因之一吧。

和其他留学生一样，初来乍到时，我遇到最大的问题莫过于如何适应新的环境和现实，如交通、饮食和气候等。此外，还有如何尽快学好中文，并用中文与中国人进行交流。对当时的我而言，这些问题的确是不小的挑战，甚至给我带来了某种“恐惧”。但是，值得庆幸的是，在那些先我之前抵达北京的刚果（金）同胞和其他非洲学员，以及中国师生的帮助、关心下，我逐渐克服了这些困难。我衷心地感谢这些刚果（金）同胞、非洲学员和中国师生。他们是我能较快适应新环境、新现实，并且融入当地“国际学生大家庭”的向导和顾问。在对中国有了一定了解之后，我离开非洲之前对中国的某些误解也很快消失了。例如，或许是受到不实报道的误导，我曾在一段时期认为，中国制造的产品“质量很差”。来到中国并实地调查后，我才发现那种看法完全是错误的。实际情况是，中国可以制造许多不同档次的产品，以满足不同的消费群体和消费市场。但总体而言，中国商品价廉物美，值得信赖。

诚然，我们生活在一个全球化和相互联系的世界里，但事实上，中国的现状和发展趋势既让人羡慕，又令他国难以复制。我个人认为，中国的社会制度和改革开放，使其形成了带有中国特色的发展模式，这或许是中国的最大特点，也是中国能够取得成功的原因所在。坦率地说，先前我所认知的民主，就是一种“计量民主”，也即“选举”和“选票”，我甚至认为这是民主国家的唯一标准。按照这个标准，所有的民主国家都应是一个模式，否则，就一定是“不民主”。然而，我在中国的经历却颠覆了自己先前对民主的某些认知和看法。我发现中国拥有与其他国家不一样的民主，包括其民主制度和民主生活，如人民代表大会制度和政治协商制度等，都是非常具有中国特色的民主制度，我将其称之为“中式民主”。我认为中式民主有自己的特色和文化。中国政府和中国人民一致认为，民主是人类的共同价值观，人民当家作主是其本质。换言之，民主不是某些政党的专利和工具。例如，某些国家的政党利用“民主”，其实就是“计量民主”，牺牲民众的利益为自己谋利。这种民主仅仅是形式上的民主，并非人民的民主，最终受益的只能是少数人，甚至极少数人，而不是大多数民众。

据我所知，在许多所谓的民主国家，其民主模式不能适应本国国情，

“民主”反而成为国家不稳定以及社会矛盾产生的原因。例如，某非洲国家拥有大约 500 个政党，平均每五年要举行一次大选。结果在事实上，民众要想衡量一个政党的能力和信誉，似乎只能靠媒体的宣传，而这背后又离不开金钱等不甚体面的因素。每逢大选之时，各种媒体都会开足马力为其代表的政治势力和政治人物造势，甚至不惜相互诋毁，彼此攻讦。尤其令人气愤的是，几乎所有政客在执政前后都判若两人。他们在大选时常常信口开河，随意许愿，一旦坐上大位后却往往食言而肥，将当初的承诺抛之九霄云外。试问，这样的“民主”能代表民意吗？能选出真正代表广大民众利益的领导人吗？而在中国，民众可以通过具有中国特色的民主渠道，来反映和表达对公共问题的看法，以及个人的具体诉求。这就是中式民主的一种表现形式，也是最适合中国国情，并且为广大中国人民所认可和接受的民主。

在过去的三年里，我一直在对外经济贸易大学学习中文课程。这对我来说，既是一个学习的机会，也是中非交流的机会。所以，我很关注中非关系，特别是中非经贸关系。一方面，我知道中非经贸关系正在迅速发展，中国正在对非洲进行大量投资。另一方面，我却发现，有不少中国人，包括中国的某些学者，对非洲还不太了解。他们对非洲的印象只是“非洲是一个自然资源丰富的大陆”。虽然这些中国人正在关注非洲，希望更多地了解非洲，但由于缺乏关于非洲政治、经济和环境等方面的第一手信息，他们对非洲的印象还不完整和全面，可以改观和充实的空间还很大。为此，中非双方都有必要做一些事情，这对促进中非友好合作很重要。2021 年上半年，我认识的一位国际关系学教授邀请我和他的博士生就中非关系和中非经贸合作的相关议题进行交流。当时我发现，他们对此内容非常好奇，并且急于了解更多关于非洲的商业环境、投资回报等信息。同时，他们也谈了自己对非洲的印象和看法。其中一位同学说了自己所认为的造成非洲贫困的原因。我听后觉得他的观点不符合事实。在我向他表明自己看法的同时，也问他是从哪里获取的相关信息。在得知有不少关于非洲的失实信息是来自互联网后，我更认识到中非之间直接交流的必要性和重要性。

在中国留学期间，我发现中国老师和有关方面也很注重中非交流，经常愿意为非洲留学生提供和创造了解中国的机会。中国老师非常提倡和鼓励中外学生交流、交往，为此还举办过不少相关活动，包括一些课外活动，以便外国留学生更多地接触中国实际。例如，在对外经贸大学学习的这一年里，我多次参加了本校与中国几所大学的学生分享经验的活动。这些活动令我大开眼界。我曾有幸参加“未来领袖　青春使者”2021 国际青年社会实践夏令营和 2021 年中外青年学生孔子文化周等活动，其中的 2021 年孔子文化周令我印象尤为深刻。这个活动以“中外青年携手　共创美好未来”为主题，有来自中国 10 所大学的中外同学共同参与。它的重点是“让中外青年学生学习和了解孔子、儒家文化和优秀的中国传统文化”。为此，许多中外同学前往中国儒家文化的发祥地——孔孟之乡山东省参观考察，实地体验了儒家文化，感受了灿烂的中华文明。习近平主席曾在给非洲中青年干部的回信中表示：中非是休戚与共的命运共同体，中非人民长期友好的希望寄托在青年一代身上。所以，中非交流特别是中非青年之间的交流，对于中非友好合作精神的传承和发展至关重要。非洲与中国虽然相距遥远，但双方人民的心是连在一起的。正如中国古诗所说的那样：海内存知己，天涯若比邻。

感受中国新时代

〔马达加斯加〕罗明娜（Diarimalala Onintsoa Rominah）

个人介绍：

Diarimalala Onintsoa Rominah（中文名：罗明娜），湖北工业大学生物制药专业蛋白质工程方向的在读博士生，来自马达加斯加。罗明娜认为，中国的科学教育和研究水平在世界处于领先行列，她一直希望在公共卫生领域取得研究成果，而在湖北工业大学读博是实现这一目标的最佳选择。在科学技术方面，中国政府投入了大量科研经费，以打造出属于中国自己的材料和设备，这将有助于研究人员获得准确度高、可靠性高的研究成果，这也是她选择来中国学习深造的重要原因。她很高兴自己作出了在中国攻读博士学位的决定，这不仅对她个人有所历练，在将来对她自己的国家也有所帮助。罗明娜希望未来能够将所学知识带回到马达加斯加，为国家科学研究作出一定贡献，也希望能与一些中国科研机构开展合作，为推动科学进步贡献力量。

从中共第十八次全国代表大会开始，中国特色社会主义进入新时代，中国在国际事务中开始发挥更积极的作用。中国取得了令人瞩目的成就，如提高了城镇化水平、改善了环境质量，以及将伙伴关系扩大到世界各个角落等。那时，我还在我的国家马达加斯加，不知道有一天我将会来到中国这个美好的国家生活和学习。

事实上，自从中国特色社会主义进入新时代，全世界都在谈论中国的成就和新政策。在我的国家，我从期刊、电视新闻和社交媒体上了解到了很多关于中国经济、文化和生活方式的信息。中国一直向合作伙伴开放，从亚洲邻国到大洋洲，再到欧洲、南美洲和非洲。就我个人而言，我已经看到了中国和我的国家之间的这种合作。事实上，我的祖国马达加斯加就是参与共建“一带一路”的非洲国家之一。除了贸易交流，中国还会和其他国家分享其特色的文化、语言和美食。例如，许多国家都有孔子学院，外国人在孔子学院不仅可以学习汉语，还可以学习中国文化，像书法、剪纸、泡茶等。

2019 年，我决定来湖北工业大学攻读生物工程博士学位，因为我知道中国在该领域有十分不错的研究型大学。我一直为我在新闻上看到的中国故事而感到震撼，一直想亲自去看看。我到了中国以后的第一个感受就是中国人非常善良。在不认识任何人、不会说一句中文的情况下，从上海火车站到武汉，一路上我都得到了很多友好的中国人的帮助。我还惊讶地看到这个国家是多么发达。从机场到地铁和火车站，这些基础设施都非常完善，我无法相信我真的会生活在如此先进的国家。当我到达武汉时，我爱上了这个魅力无限的城市：湖泊、山川、桥梁，最重要的是人们是如此友好。武汉是湖北省最大的城市，这里有很多历史古迹和美丽的地方，如黄鹤楼、湖北省博物馆、武汉博物馆、东湖、欢乐谷，还有亚洲最长的河流长江。长江从这个城市穿过，11 座跨江大桥为这座城市增添了魅力。通过新时代中国特色社会主义的全面建设，武汉变得“每天都不一样”，新的现代工业体系、建筑物、地铁正在一一被建造起来。

第一次来到湖北工业大学，我的老师和我的实验室伙伴们向我介绍了学校情况，以及中国的法律和政策。风景如画的校园不仅占地面积广阔，而且有很多文化景观。在校园里，我们可以看到现当代风格的中国工业建筑，先进的教学楼设备，多个重点实验室，科学研究基地，文化、体育和后勤服务设施。在校园里，每个学生的需求都得到了满足。湖北工业大学的实验室设备令人惊叹。图书馆有大量可供学习的中文和外文书籍，还有展示了中国古代文化的明清家具博物馆。学校里的四个大型食堂提供了价格合理、种类繁多的食物，还有多个很棒的操场供学生运动和玩耍。我非常喜欢武汉当地的食物，尤其是热干面。热干面是武汉当地非常流行的一种美食，在这个城市的任何地方都可以找到。我希望不久之后，能有机会前往中国的其他城市，看看它们在新时代的发展情况。

我感到非常幸运，能在这里利用学校和政府提供的全额奖学金进行学习。武汉出现疫情时，我起初感到害怕、困惑和担心，但我很快看到了各位老师、中国人民和中国政府在抗击新冠疫情时的认真态度，我不再担心，并决定留在中国完成我的学业。这也是我做过的最好的决定。我相信未来我还有机会到校园以外去探索武汉这座城市，认识更多的当地人，品尝更多的中国美食、参与更多的当地活动。

在中国的每一天都让我认识到这里是多么发达，中国不仅是世界上第二大经济体，而且拥有世界规模最大的高等教育体系，中国政府为国际学生提供了优越的教育条件和多种类型的奖学金。我在中国已经学习、生活了 3 年，我从学校、中国朋友那里学到了很多东西——要努力工作，要认真、自律、永不放弃。我希望毕业后能留下来继续深造，到博士后流动站工作，因为中国为国际学生提供了良好的科研平台。

尽管我远离家乡和家人，但他们会永远在我身边，因为我把他们放在心里，我谨记家人的期望而不懈努力。幸运的是，随着技术的发展，我可以随时给我的家人打视频电话来联络感情、分享在中国生活的点滴。此外，我希望我的女儿能对汉语和中国传统文化有更加深入的了解和学习，因为她有中国血统。

最后，我感谢能有此机会，让我们这些国际学生得以表达自己的感受和经验。也感谢湖北工业大学，感谢湖北工业大学中德生物医学中心、国际学院的老师和学生，是他们使我在中国求学的旅程变得更加精彩。我将永远不会忘记我在中国的时光以及我在中国所学到的一切。

我在中国的留学经历

〔贝宁〕黛安（Sohe Ermignone Sonia Diane）

个人介绍：

Sohe Ermignone Sonia Diane（中文名：黛安）来自贝宁，目前在陕西师范大学攻读硕士学位。得益于中国的留学生政策，黛安才有机会来中国学习，在中国的学习经历令她对中国的文化和发展进步十分着迷。

我叫 Sohe Ermignone Sonia Diane，中文名黛安，目前在陕西师范大学新闻与传播学院攻读硕士学位。我来自贝宁，并在那里获得了管理控制专业的学士学位。我在贝宁的一家媒体广播电台实习时，发现了自己对新闻和媒体专业的强烈兴趣，这也促使我来到中国攻读与媒体相关专业的硕士学位。

我选择来中国留学有两个原因。一方面，在我参观我校当时组织的中国文化中心活动时，我被中国丰富多彩的文化和快速的发展所折服。另一方面，贝宁当地媒体对中国的发展赞不绝口，西方国家更是关注中国近年来的发展变化，这也促使我对这个国家产生了更多的兴趣。

通过已经在中国读书的表弟的联系，我获得了奖学金。我先来到位于贵阳市的贵州工学院学习汉语。2018 年 9 月，我抵达中国上海机场，这是我第一次来中国。抵达后，我乘火车到达贵阳市，从那里开始了我的中国之旅。

贵州工学院的工作人员对包括我在内的每一名学生都十分友善，他们的真诚和敬业精神，非常值得钦佩。从接待处开始，每一个入学环节都有老师悉心指导，以便帮助学生们尽可能顺利地融入学校。我很幸运能在学生宿舍住宿，这缩短了我上课通勤的时间，从宿舍到教室步行只需 8 分钟。学校为了促进不同国家学生之间的交流融合，还鼓励我们参加学生社团，在课堂学习的同时还组织我们一起郊游、聚会、做游戏等。在这样温馨快乐的学习氛围里，我在汉语老师们的带领下认真学习汉语，我也被他们对这门语言的热爱所打动。

在学习中文的过程中，我遇到了很多困难，因为我们学的书都是中文与英文的，可是我在贝宁，我们的官方语言是法语，我的英文基础有限，所以我不得不同时学习英语和中文两种语言。那时候我们的课程主要是阅读、写作、听力等，除了这些课程以外，学校还开设了中国文化、工艺美术、音乐、体育等课程。

我们和老师们在贵阳周边城镇进行了几次短途旅行，参加了两次老师的婚礼，这让我明白了婚姻的真谛。我们还参加了城市马拉松比赛、学校组织的体育活动、为老挝学生组织的色彩节等文化活动，这让我们对其他亚洲国家的文化有了更多的了解。这种文化的交流让我对我的国家以外的文化形态有了更广泛的认识和了解，让我能够接受和接纳不同文化背景的人。我记得在学校里有一堂插花课给我留下了深刻印象。在那堂课上，老师教我们认识每朵花的名字、了解花与花之间的区别和含义，以及如何插花以展现不同花的美丽与优雅。我们还上了一节歌唱课，老师教我们哼唱贵阳地方歌曲，令我至今难忘。我们还参观了贵阳玻璃桥、猴林和贵阳墙，这些都是十分难忘的经历。我想利用这次征文机会向教我汉语的老师们致谢。如果没有他们的耐心、努力和奉献，我们这些留学生就不会爱上这门语言，也是他们的鼓励促使我在第一年的学习中获得第三名的优异成绩。

除了这些特殊的经历，我还遇到了非常棒的非洲同学们。虽然我们来自不同国家，但随着时间的推移，我们日渐亲密，成了一个非洲小家庭。尽管疫情期间我们只能线上上课，但由此我们也感受到中国技术的革命性创造力和发展水平。在贝宁，疫情期间许多学生只能在家里待着，没有机会去学校上课，更没有技术设备上网课。

很快，我获得了来到陕西师范大学攻读硕士学位的机会，一个新的故事开始了。第一年，我参加了学校为外国学生组织的一些休闲活动，在这些活动中，我们参观了西安市外的一些旅游景点。我也参加了许多非常有意义的学术会议，尤其是关于“一带一路”的会议。这不仅让我了解了中国的最新发展情况，更让我意识到作为一名留学生，我是贝宁与中国之间的纽带和桥梁。在留学期间，我一定珍惜光阴好好学习，学好本领，毕业后尽自己的最大努力为中贝关系、中非关系的发展作出贡献。

中非友好篇

习近平新时代中国特色社会主义思想及其影响：以赤道几内亚为例

〔赤道几内亚〕丽娜（Ondo Ada Trinidad Nzang）

个人介绍：

Ondo Ada Trinidad Nzang（中文名：丽娜），来自赤道几内亚，本科毕业于湘潭大学国际关系专业，目前是湘潭大学国际法专业的一名硕士研究生。在此期间，她先后获得了湖南省奖学金、国际优秀学生奖学金，也参加过汉语桥、马栏山青年大学生视频文创节、“邮政杯”湖南日报朗读者活动，现在正在做西班牙语非洲国家法学教育研究以及赤道几内亚法学专业入学资格的相关研究。

习近平总书记创立的新时代中国特色社会主义思想，不仅是马克思主义中国化的最新理论成果，还对世界发展，特别是发展中国家的发展产生了重大的影响。本文以赤道几内亚为例，从经济、政治、文化和社会四个方面，探究习近平新时代中国特色社会主义思想对赤道几内亚的积极影响。

习近平新时代中国特色社会主义思想内涵丰富、意义重大。习近平新时代中国特色社会主义思想没有丢掉马克思主义理论原则，而是始终坚持马克思主义的立场、观点和方法，处处闪耀着马克思主义真理的光辉。特别是在许多重大原则问题上，习近平新时代中国特色社会主义思想都旗帜鲜明地坚持和捍卫马克思主义，理直气壮地驳斥各种奇谈怪论。这一思想吸收和继承了中华优秀传统文化，蕴含着丰富的中华民族价值共识、精神追求、政治智慧、历史经验。这一思想，充分吸收人类文明有益成果，积极借鉴别国治国理政经验，展现出习近平与中国共产党的宽广视野和博大胸怀。

习近平新时代中国特色社会主义思想直面前进道路上的各种困难和矛盾、风险和挑战，着力探索破解难题、推进事业发展的新理念、新思想、新战略，具有强烈的时代气息和现实针对性。这一思想洞察时代风云，把握时代大势，站在人类发展前沿引领时代潮流，积极探索关系人类前途命运的重大问题，为应对当今世界面临的全球性挑战、解决人类面临的共性问题贡献了中国智慧和中国方案。

习近平新时代中国特色社会主义思想坚持人民主体地位，尊重人民首创精神，注重从人民群众中汲取智慧和力量，时刻关注人民群众的喜怒哀乐，体现了亲民、爱民、忧民、为民的真挚情怀。这一思想坚持把人民对美好生活的向往作为奋斗目标，把让老百姓过上好日子作为全部工作的出发点和落脚点，始终为人民代言、为人民立言，充分体现了立党为公、执政为民的执政理念，体现了为中国人民谋幸福、为中华民族谋复兴的使命担当，体现了人民至上的价值追求。

习近平新时代中国特色社会主义思想立足社会主义初级阶段这个最大实际，准确把握中国发展的阶段性特征和中国社会主要矛盾的新变化，坚持一切从实际出发，勇于破除一切不合时宜的思想观念和体制机制弊端。这一思想积极探索规律、自觉遵循规律，按照客观规律要求谋划事业发展，正确处理尊重客观规律与发挥主观能动性的关系，使中国共产党对共产党执政规律、社会主义建设规律、人类社会发展规律的认识达到了新的高度。习近平新时代中国特色社会主义思想具有强烈的问题意识、社会关怀和人文精神，对人类社会具有很强的吸引力和凝聚力。对于整个人类社会来说，创造和平稳定的生存环境，实现更好的生存和发展，是人类未来的根本方向。

习近平新时代中国特色社会主义思想对赤道几内亚影响深远。中国对赤道几内亚外交始终坚持“真实亲诚”的理念和正确义利观，对赤道几内亚的援助、投资和合作源于新中国成立之初，在中国自身还非常贫穷落后的时候就已实施。中国发展与非洲发展紧密相连，中非是休戚与共的命运共同体。

其一，在习近平新时代中国特色社会主义思想指导下，中非合作更进一步，极大推进了中国与赤道几内亚的经贸往来，促进了赤道几内亚的经济发展。

在“一带一路”倡议推动、新时代中国特色社会主义思想指导之下，中国企业积极参与赤道几内亚基础设施建设，深化人力资源开发、教育、卫生、旅游等领域交流合作，助力赤道几内亚实现2020年发展规划，加强在联合国等多边机构的战略沟通和协作。中赤几双方政治互信不断巩固，经贸合作日益密切，人文交流持续热络，中国已成为赤道几内亚第一大贸易伙伴、第一大外资来源国、第一大援助国和第一大出口市场。

其二，习近平主席提出的“人类命运共同体”理念深化了中国与赤道几内亚的政治互信。

习近平新时代中国特色社会主义思想中的“人类命运共同体”理念深刻地影响着赤道几内亚。“人类命运共同体”是习近平主席在时代变化背景下提出的一个新理念。它源于对当今人类社会各个方面的深刻感受、思考和分析。它融合了多个层面的经验和多个维度的思想，包括不同层面的利益、制度和价值观。习近平主席提出“人类命运共同体”理念后，更加深化了中国与赤道几内亚的关系，极大地推动了“一带一路”建设。

与此同时，“人类命运共同体”理念为加快实现赤道几内亚的发展强大提供了卓越的思想内涵与精神动力。中国外交具有鲜明的中国特色，就是始终坚持和平共处五项原则。“人类命运共同体”理念将世界新形势下的中国外交的目标、原则和方法提升到新的高度，向世界展示了包含中华优秀传统文化内涵的外交理想，推动了中国特色社会主义事业的发展，也为加快实现赤道几内亚的发展强大提供了卓越的思想内涵与精神动力。

习近平主席曾在会见赤道几内亚总统奥比昂时指出，中赤几友谊历久弥坚，堪称南南合作的典范。中国和赤道几内亚是可靠的伙伴加兄弟，共同为两国全面合作伙伴关系发展不断注入新的活力。双方要继续深入开展治国理政和执政党建设经验交流，在涉及彼此核心利益和重大关切问题上相互支持。

其三，习近平新时代中国特色社会主义思想主张的“发展面向现代化、面向世界、面向未来的，民族的科学的大众的社会主义文化”促进了中国与赤道几内亚的文化交流与发展。

不同的文化应该互相学习、互相借鉴。平等交流可以加深对自身文化的了解，同时加强对其他民族文化的了解。在全球化时代主题下，在承认和尊重其他国家和民族的文化的同时，每个人还必须珍惜和保护自己国家的文化。在不同文化之间的交流当中，在保持自己民族特色的同时，吸收其他民族的精华，取长补短，在竞争与合作中不断丰富和发展本国、本民族的优秀传统文化。

一方面，习近平新时代中国特色社会主义思想主张了解和尊重世界文明的多样性，确保各文明之间交流的隔阂能够被打破，确保各文明之间的冲突能够被化解，各文明之间相互学习。自 1977 年起，中国开始接收赤道几内亚留学生来华学习，到 2019 年，在中国学习的赤道几内亚学生总数达到 1080 名，其中奖学金留学生 282 名。2014 年 10 月，中国国家汉语国际推广领导小组办公室与赤道几内亚国立大学签署设立孔子学院合作协议。2015 年 5 月，赤道几内亚国立大学孔子学院挂牌成立。2015 年 4 月，赤道几内亚总统奥比昂在访华期间为云南省金平县捐建“中国-赤道几内亚友谊小学”。

另一方面，人类社会正是因为有了“和而不同”的理念才有现如今丰富多彩的民族形式。在全球化的背景下，国与国、民族与民族之间的交流变得更加深入，差异也体现得愈加明显，但习近平新时代中国特色社会主义思想用更紧密的联系与融合，打破更深的冲突与隔阂。中国致力于弘扬中华优秀传统文化，与赤道几内亚积极分享自己传统文化的特色，用平等交流、互相尊重的方式支持世界文明多样性的发展，反对霸权主义，彼此尊重、和谐相处，为世界发展提出中国治理方案、贡献中国智慧。

其四，习近平主席提出的“人类卫生健康共同体”是“人类命运共同体”理念的进一步深化和升华，“人类卫生健康共同体”理念对赤道几内亚战胜新冠疫情、实现社会稳定起到了重大作用。

新冠疫情暴发后，中国和赤道几内亚携手抗疫，双边关系更加紧密。2020 年 2 月，赤道几内亚向中国捐赠 200 万美元，用于支持中国抗击新冠疫情。2020 年 5 月，中国政府派出医疗专家组万里驰援赤道几内亚。2021 年 2 月和 4 月，中国向赤道几内亚提供两批新冠疫苗的援助，赤道几内亚也成为第一批接受中国疫苗援助的非洲国家。面对新冠肺炎等重大传染病威胁和处理突发情况时，中国援赤几医疗队临危不惧、勇往直前，在救死扶伤的神圣事业中树立起中国医疗队的金字招牌，成为两国民众心目中的友谊使者、希望和英雄，并将推动中赤几传统友谊和全面合作伙伴关系行稳致远，携手构建中赤几、中非卫生健康共同体。

当今世界，各国之间早已相互形成依存关系。习近平新时代中国特色社会主义思想中的“人类命运共同体”理念，主张各国在追求自身利益的过程中，也要兼顾其他国家的利益。习近平新时代中国特色社会主义思想及“人类命运共同体”理念，为改善全球治理中特别是赤道几内亚的治理，提出了中国方案，贡献了中国智慧。希望并相信，后疫情时代的中非合作前景更加光明，中非更加紧密的命运共同体将结出更多硕果。

我所知道的习近平与非洲

〔埃塞俄比亚〕阿姆萨鲁·K. 亚迪斯（Amsalu K. Addis）

个人介绍：

Amsalu K. Addis（阿姆萨鲁·K. 亚迪斯），来自俄塞俄比亚，目前正在湖北大学攻读博士学位。他拥有出色的沟通、研究、写作和数据解读能力，在多种著名期刊上发表了10多篇科学论文，出版2本著作。他获得了2018年“中国政府优秀来华留学生奖学金”。不仅如此，他还分别于2019年、2020年和2021年在《亚洲人文与社会科学研究期刊》《亚洲语言学期刊》《文学与文化研究》等期刊上获得了多个优秀奖项，被评为“期刊质量的杰出贡献者”。此外，他还是一些网络科学期刊的客座研究审稿人，包括《国际新兴市场期刊》《非洲商务期刊》《当代非洲研究期刊》等。他的研究兴趣包括国际贸易、国际关系、企业与投资管理。

当新冠疫情在非洲出现并蔓延时，习近平主席领导的中国向非洲援助了一批又一批抗疫物资，包括新冠病毒疫苗、医疗设备和诊断试剂盒等，以支持非洲大陆的抗疫斗争。令我印象深刻的是，每个货箱上都写着一句中国谚语——“人心齐，泰山移”，意思是，当人们团结一致，共同努力的时候，他们可以克服任何困难。这句谚语试图向非洲人民传达这样一个信息：只要非洲国家团结一致，非洲人民就一定能够战胜疫情；只要中非人民团结一致，我们就能克服前进道路上的任何困难。

习近平主席在2021年中非合作论坛第八届部长级会议开幕式上阐述了中非友谊的基本宗旨，即“真诚友好、平等相待，互利共赢、共同发展，主持公道、捍卫正义，顺应时势、开放包容”①。而且，中方还承诺帮助非洲克服新冠疫情带来的经济冲击，在环境保护和气候危机等方面与非洲开展合作，同时避免将中国的意愿强加给非洲。这引起了非洲各国与会代表的喝彩。总的来说，中国与非洲的全天候伙伴关系已经深入非洲国家领导人和非洲人民的心中。

虽然中国对非洲的援助并不是一件新鲜事，但在习近平主席任期内，中非之间的伙伴关系继续得到了加强。在他的领导下，中国继续向非洲提供各种帮助和支持，不仅有经贸方面的交流与合作，还有教育、文化方面的交流与合作。习近平当选中国国家主席以来，在华外国留学生，特别是非洲留学生的人数大幅增加，中非人文交流规模不断扩大。此外，在华非洲留学生在学习期间可以在所在的大学或校外兼职，毕业后可以在中国公司获得合法的工作，这也有助于进一步加强中非交流。

习近平主席的理念得到了非洲各国领导人、众多学者和国际舆论的广泛重视和积极评价。在我看来，有以下几个原因。第一，人类命运共同体和中非命运共同体理念支持和强化了现有的中非合作理念，体现了中国政府对不结盟的一贯立场。第二，中国继续坚持“合作共赢”的发展方向，将使非洲获得可观的利益。第三，习近平主席十分注重政治、外交、经济、社会、文化、环境和安全等各个领域的均衡发展，特别是人文交流和安全保障，这也体现在习近平主席提出的“五大支柱”和“十大合作计划”中。第四，中国继续加强与非洲在工业化、经济全球化和非洲区域经济一体化方面的交流与合作。这对非洲国家以及非洲区域组织促进经济发展、改善就业机会和加强外交关系具有重大意义。例如，旨在促进西非的经济一体化和集体自给自足的西非国家经济共同体（西共体），目前正得到中国政府的协助，在尼日利亚建立其总部。这将切实促进区域贸易，加速社会发展，加快西非国家

① 习近平：《习近平谈治国理政》（第四卷），外文出版社，2022，第445页。

的经济一体化进程。

2015 年，习近平主席在中非合作论坛约翰内斯堡峰会上宣布将中非关系提升为全面战略合作伙伴关系，同时实施“十大合作计划”。这不仅表明中国在加大对非合作力度，同时也表明，中非合作在中国外交和发展战略中的地位和作用正在不断改善和加强。中国对非洲直接投资（FDI）、中非经贸合作和中国帮助非洲减贫等，仍然是中非关系的重中之重。这些升级后的中非务实合作举措达到了前所未有的水平。这表明习近平主席非常重视非洲。

许多非洲国家相信，习近平主席提出的“一带一路”倡议，能够为改善中非人民福祉、实现共同发展发挥积极作用。毫无疑问，共建“一带一路”是深化世界各国发展合作的黄金机遇，它正在唤醒全球，因为它是为全人类打开一个新的未来世界的巨大机遇。如今，推行“一带一路”倡议不再仅仅是中国的需要，而是全世界，尤其是非洲人民的需要，因为该倡议将赋予非洲及其人民参与全球开放合作、摆脱非洲在全球边缘化的地位、促进全球共同繁荣、完善全球经济治理体系、提高培育命运共同体的能力。此外，中国有一句美丽的口号，那就是“天下一家”。“一带一路”倡议正是秉承这个理念，以支持非洲的发展和进步，最终实现中非双赢，以及世界共赢。这就是中非合作和中非伙伴关系的最大意义。

中非伙伴关系不是单方获利的关系，而是互惠关系。简而言之，中国需要非洲，非洲也需要中国。现今，中非各领域务实合作成果丰硕，举世瞩目。中国要与非洲开展合作，讲事实、讲真理；中国要加强中非友谊，讲亲和力；中国要解决合作中的问题，讲诚意。未来，中非命运共同体还将携手创造出更多发展成果，造福中非人民。

非洲与中国

——一个国际学生的视角

〔尼日利亚〕王力（Ogwu Ikechukwu）

个人介绍：

Ogwu Ikechukwu（中文名：王力），尼日利亚籍，毕业于尼日利亚纳姆迪·阿齐克韦大学，获建筑学学士学位和硕士学位。曾担任尼日利亚埃努古州立理工大学讲师，以及尼日利亚 DH 有限公司项目建筑师/风险主管。他是韩国国际合作机构（KOICA）尼日利亚校友会（KAAN）成员，以及 2019 年“涟钢杯”首届中非少年足球友谊赛（湖南娄底）非洲组委会设计部成员。主要研究方向为建筑节能设计战略、建筑物理、智能建筑材料和智能建筑。王力对中非关系充满热情，希望继续为促进尼日利亚和中国之间的友谊作出贡献。目前，他正在湘潭大学攻读土木工程与力学博士学位。

一些人关于非洲的认知，正如某些西方媒体经常报道的那样——将非洲国家看作一个个无法实施自治的原始部落。事实上，西方媒体对于这片大陆有很多误解。“一个无法获取技术的地方”，“一个充满腐败、贫穷、战争和疾病的大陆”，非洲一直被极大地误解和歪曲。据报道，2001 年时任美国总统布什曾评论说：“非洲是一个遭受可怕疾病的大陆。”诸如此类的描述仍在继续定义非洲，并构成参与非洲事务的“理论”基础。事实上，西方对非洲采取的大多数行动都是基于这种错误的认识展开的。因此，其干预的目的是“援助”非洲，而不是“使其强大”。历史上，美国在第二次世界大战前对非洲没有任何积极的政策。在战争结束后的几年里，非洲在美国外交话语体系中仍然相当无足轻重。多年来，不少西方政治领导人要么见多识少，对信息反应过度，要么在讨论非洲问题时明显无知。他们认识非洲，但显然不了解非洲。

21 世纪初，《经济学家》杂志（英国）刊发了一篇题为《绝望的非洲》的封面故事。这篇文章在一定程度上描述了 19 世纪初的弗里敦，一个“遥远的、疟疾肆虐的”，但对“来自英格兰的贫穷非洲人和来自美洲的奴隶”来说充满希望的定居点。奴隶贸易废除后，这里成为归来的奴隶的新家。文章称弗里敦在 21 世纪初是“失败和绝望”的象征，因为作者认为多年的战争给人们的身体和心理留下了创伤。但事实上，弗里敦的“绝望”不止如此。此前，联合国“保护责任”原则指出：国际社会有责任通过联合国，使用适当的外交、人道主义和其他和平手段，保护人民免受种族灭绝、战争罪、种族清洗和反人类罪之害。然而，外国援助人员被从弗里敦撤出，引发了人们对西方国家在帮助结束塞拉利昂和非洲大陆其他地区战争方面的认真态度的质疑。甚至有人认为“塞拉利昂似乎是非洲其他大部分地区的缩影，世界似乎要放弃整个非洲大陆了”。有趣的是，为了回应这些质疑，联合国安理会计划进行 31 天的“干预”，制定抗击艾滋病的计划，还提出一项法案，为的是放宽或取消 48 个非洲国家的贸易限制，并提供捐款以加强对疟疾的防治。但是，这并没有改变非洲大陆已被欧美国家边缘化的事实。

在奥巴马担任美国总统的 2009～2017 年期间，人们期望美国能够发现非洲的重要性，至少在经济和战略意义上，美国能够与非洲大陆有更有力地接触，创造比过去更有利于非洲大陆发展的机遇。然而，许多非洲人失望了，因为美国最终采取了“美国第一”的政策。奥巴马外交政策，似乎反映出美国对世界的态度，即美国仍然停留于 20 世纪二三十年代的世界，而不是 21 世纪的世界。

当西方国家继续依照其对非洲的固有偏见和所谓中国对非洲的援助和合

作是“新殖民主义”的角度去对非洲进行报道和干预时，它们就已经从根本上放弃了其“世界警察”的角色，这也是它们逐步丧失世界领导权的一种表征。与之相对的是，中国带着新理念出现了，并且提出了中国方案。中国方案对多边主义有更清晰的认识和理解，试图为所有相关方创造共赢局面，谈论合作而不是干预，谈论商业往来而不是单纯的资金援助，谈论投资而不是贷款，谈论平等的参与。

在此基础上，习近平主席将这种“新”多边主义的目标确定为构建人类命运共同体。他指出，“多边主义的要义是国际上的事由大家共同商量着办，世界前途命运由各国共同掌握”①。“21 世纪的多边主义要守正出新、面向未来，既要坚持多边主义的核心价值和基本原则，也要立足世界格局变化，着眼应对全球性挑战需要，在广泛协商、凝聚共识基础上改革和完善全球治理体系。”②

事实上，中国在扶贫和提高人民生活水平方面已经获得了显著成果，令人惊叹的交通基础设施使得政府正在向以前无法到达的地区提供医疗服务。中国在各个方面的成就正在吸引着整个非洲和世界许多其他地区的注意力。中国正在通过建立与其他国家之间的伙伴关系和互利合作，来促进中国与各国之间的友好合作关系，这种友好交流与合作已在中国与非洲之间展开。

在与非洲国家交往与合作时，中国始终致力于实现“新时代，共享未来”的宏图。2006 年 11 月 4 日，以“友谊、和平、合作、发展”为主题的中非合作论坛北京峰会召开。会议出席者包括来自 48 个非洲国家的元首、政府首脑或代表以及包括联合国、非洲联盟在内的国际组织代表，共计 5000 多人。在这次峰会上，中非领导人就深化中非合作深入交换意见，达成广泛共识。双方共同发表了《中非合作论坛北京峰会宣言》和《中非合作论坛——北京行动计划（2007—2009 年）》。事实上，将注意力集中在世界上一个被悲观标题所严重误解和歪曲的地区的发展上，是中国迈出的大胆

① 习近平：《习近平谈治国理政》（第四卷），外文出版社，2022，第 461 页。
② 习近平：《习近平谈治国理政》（第四卷），外文出版社，2022，第 463 页。

一步。峰会结束时，已有近 900 家中国企业在非洲投资，将资金投入工厂、农场、零售商店和油井等产业。中国进出口银行的董事长宣称，峰会结束 6 个月后，该银行将在未来 3 年为中国在非洲的出口企业提供 200 亿美元的资金。相比之下，世界银行在 3 年期间（2006~2008 年）向非洲国家提供的贷款总额仅略高于 170 亿美元。中国对非战略正令世界侧目，中国的援助和其他形式的经济合作项目数量开始在非洲飙升，2009 年，中国超过英国和美国，成为非洲最大的贸易伙伴。

尽管许多西方国家直到北京峰会之后才开始认真关注中国与非洲的经贸合作，但中国与非洲的接触始终在进行状态并有加速趋势。中国对非洲承诺提供不附带任何政治条件的互利援助。事实上，中国向几乎所有非洲国家提供了援助（斯威士兰除外）。时至今日，中国仍坚持走和平发展道路，奉行和平共处的外交政策，为世界稳定、共同繁荣作出了贡献。中国认识到非洲是发展中国家最多的大陆，是促进世界和平与发展的重要力量，始终高度重视发展中非关系。

2013 年，习近平以中国新任领导人身份前往非洲访问了坦桑尼亚、南非、刚果（布）。中国领导人历来重视与非洲国家的友好往来，不仅是元首外交，中非高级别领导互访也日益频繁。例如，中国外长每年都会将首访国家选在非洲，这一传统已经延续了 30 多年。2021 年，时任国务委员兼外长王毅访问了尼日利亚、刚果民主共和国、博茨瓦纳、坦桑尼亚和塞舌尔。

尽管一些西方国家对中非关系提出质疑，并恶意抹黑其为“新殖民主义”，但卢旺达总统保罗·卡加梅却赞扬中国平等对待非洲，称中国“在世界事务中的变革性姿态比金钱更宝贵”。2007~2017 年，中国最高领导层（包括主席、总理和外交部部长）79 次访问非洲，访问了共计 43 个非洲国家，到访包括苏丹在内的被联合国称为最不发达的国家，并与之建立贸易往来。在苏丹，西方企业以“人权问题”为借口，停止与苏丹的正常经贸关系，但中国始终坚持尊重苏丹的国家主权和不干涉苏丹内政的原则，与苏丹保持着良好关系与合作。1970 年至 20 世纪 90 年代中期，苏丹从中国获得 1 亿美元无息贷款，修建了两座桥梁、一座友谊馆、一条绵延 410 公里的柏油路、一家纺织厂、一家医院，以及一些水稻种植和渔业项目。苏丹石油产业蓬勃发展，也是得益于中国的直接投资项目。在中国的引领下，印度、马来西亚、阿拉伯国家也纷纷投资苏丹的石油产业。

在中国生活的近5年来，我一直把中国视作自己的家。在这段时间里，我看到这个国家正在迅速推进与非洲国家的交流与合作，无论是政府对政府、企业对企业，还是人与人之间，中国都在摸索着一个行之有效的交流合作方式。中国作为世界上发展较快的国家之一，一直在不断扩大友好国际关系的边界，并且让我们知道，世界的确是每个人的家园。

习近平十分重视非洲青年

〔赤道几内亚〕布罗（Braulio Ncogo Ndumu Abeme）

个人介绍：

Braulio Ncogo Ndumu Abeme（中文名：布罗），来自赤道几内亚。曾于2014年至2017年在马拉博专业学校学习企业管理工程。目前，布罗是北京语言大学国际事务与国际关系专业大三学生。布罗的母语是西班牙语，他还可以说法语、中文和英文。他曾在赤道几内亚最大的电信公司GETESA S. A. 做过三个月的实习工作，也在中国给一些个人、私企和大使馆做过翻译工作。

今天，分析中非合作的历史、评估中非合作的现状，特别是剖析中非合作的细节、缺陷、不足等，将有助于树立中非之间良好的愿景，同时将使中非关系的未来取得良好进展。非洲青年是中非关系的直接接力者和未来的关键。习近平主席对非洲青年的信任至关重要。因此，本文将分析习近平主席领导下的中国进步的意义，以及他对维持和改善中非双边关系所做的不懈努力。

谈到中国正在经历的各个方面的迅速进步和发展有一种很特别的感受——一方面，这是很容易的，但另一方面，又非常困难：很容易，是因为在谈论中国的进步时，有很多方面可以提到，中国的发展不仅仅是一个特定方面或部门的发展，而是一个整体的、渐进的、多方面的发展。在这个发展进程中，所有领域都被涵盖在内，经济、教育，生产、社会福利、安全、基础设施等各个方面确实都发生了翻天覆地的变化。很困难，是因为要分析中国目前的状况，不仅需要提到这些进展，还需要强调中国取得的所有成就和为实现这些发展数字所做的持续努力，而且需要详细说明达到这些发展水平的关键是什么、需要标记哪些关键点。特别是在过去 15～20 年里，中国的发展和进步速度非常快，这一现象使中国成为全球关注的焦点，中国成为许多不发达国家、发展中国家，特别是非洲国家的参照国，中国的发展将为其他国家树立榜样，并使其能够采取同样的措施，而这是我认为最困难的，所以谈到中国的发展现象也是一件非常难的事情。

我个人认为，今天的中国与 50 年前的中国相比，发生了很大的变化，这样的变化是一个奇迹。我们认为，习近平主席是未来中国发展的关键。对于我们这些有机会到中国生活、学习和旅行的人来说，我们看到了中国目前取得的迅速进步和发展成就。当你从一个特定的城市进行分析时，你肯定不会对中国发展有一个完整和正确的看法，但一旦你走过中国的许多城市，就将感叹于中国的全面发展，而且会发现每个城市在发展过程中各具特色。我个人住在北京，我参观了北京许多最具象征意义的地方，包括古代和现代建筑；当我到天津旅游时，我参观了市中心的地标性建筑和一些旅游景点（天津之眼、天津博物馆等）；我去西安旅游的时候，发现西安这座城市不仅保留了它作为中国文化和历史重要城市的古老风格，而且还成功地融入了现代化特色，有着漂亮的建筑、高速公路。在西安这座城市里，可以感受古代和现代两种风格，这是一件非常了不起的事情。当我去成都旅行时，我体验到了这座美丽城市的现代性，那里有大型购物中心、现代化的高速公路、干净整洁的街道等。成都无疑是一个神奇的城市，但宜宾也同样令人印象深刻。宜宾是一个全新的、正在建设的城市，有相当大的城市规模，建有现代化、美丽的大学。我去桂林的时候，发现桂林是中国最有趣的地方之一，那里有很多娱乐场所。为了增进人民的福祉，中国政府专门为游客设计和建造了许多旅游景点，但南宁和崇左在旅游景点以外也有自己的特点，那里的现代建筑，尤其是连接崇左和南宁机场的高速公路给我留下了深刻的印象。由于广西是我从未听说过的地方，我带着好奇去旅行，本来是想看看中国的传统社会环境，但结果呢，我所看到的都是现代化的城市，中国的发展令人惊叹。更不用说像广州这样的城市了，这些现代化大都市给我留下的印象也非常深刻，那里的建筑和社会发展水平都是十分了不起的。不过，我对广州印象最深的还是它巨大及现代化的机场，如果没亲眼看到真的难以相信中国的发展已经到了如此程度。在中国内地旅行真的有利于发现并了解真正的中国，以及清楚地认识到中国的发展取得了多么大的成就。

总之，我很高兴能参观和了解中国的一些城市，这不仅让我更深入地了解中国的发展、学习中国的历史和文化，而且更重要的是，当我对一个国家的发展有了广泛的体验和感受，我开始思考我的祖国真正需要的是什么，我们需要做些什么才能使非洲大陆成为一个繁荣的地区。最后，这使我能够评估中非关系的重要性，并将中国作为社会发展和经济增长的榜样。

曾在若干年前，中国还是一个在国际舞台上不太受重视的国家，其国内面临着贫困等各种各样的问题。但现在，中国却成了每个人都羡慕的国家，甚至引起了像美国这样的世界大国的嫉妒和仇恨，所有这些都是因为中国实现了各个方面的发展，尤其是中国飞速发展的科技和经济，已经对某些综合实力排名靠前的国家造成了“威胁”。因此，我个人认为，像中国和非洲这样的伙伴关系，正是目前非洲大陆发展所需要的机会，中国不久以前也面临着非洲今天所面对的困难，不会有人比中国更了解我们了。因此，非洲大陆应该把中国当作一面镜子。

我相信，习近平主席是中国发展最有力的推动者。习近平出任中国国家主席后，推动和实施了各种有利于经济和政治的发展举措（如“一带一路”等），这使得中国的发展更实际，更朝气蓬勃。十年来，中非双边合作取得的成果是显而易见的：中非之间已经开展了许多合作项目，之前签订的双边合作项目也得到了较好执行，这不仅使非洲各国与中国的关系得到了加强，许多非洲国家也因拥有着中国这个共同的朋友、伙伴和合作者，而变得更亲密。2013 年以来，中国领导人访问了很多非洲国家，许多非洲领导人也访问了中国。我的祖国赤道几内亚的总统近年来也几次访问了中国，两国政党

（中国共产党和赤道几内亚民主党）关系、政府关系和经贸合作水平都得到了提升。这些都表明了中国与非洲对中非关系的重视。

中国在非洲建立了各类中非合作项目，如农业、道路建设、港口、机场、住房、创业、金融投资、资金捐助、卫生设备捐赠等。我作为一名非洲学生在中国首都北京学习、生活了较长时间，通过学习和了解中国实情，我深刻感受和体验到了中国共产党和中国政府为增进人民福祉所作出的努力，同时对中非关系的未来充满信心。我认为，我们非洲国家可以借鉴中国的成功做法，来促进我们非洲大陆的发展。现在是中非关系最好的时刻，也是我们最好的机会。这一点非常重要。

习近平主席对待非洲国家的态度和做法都是有别于世界其他国家领导人的。习近平十分重视非洲青年，他把非洲青年视为中非关系的直接接力者和继续发展的关键。他不仅为非洲青年提供了赴中国学习的机会，还力图使他们能够更深入地了解中国的现状、了解和发现中国成功的秘诀。非洲青年一旦来到中国学习，就有机会参加有关中非关系的各种会议、论坛和讲座，这为非洲留学生近距离观察中非关系的发展及其成就细节提供了便利。这样就使这些非洲青年成为中非关系发展的见证人，甚至参与者。不得不说这样的机会在别的国家是难以实现的。

习近平主席对青年充满希冀，并表示“青年是中非关系的希望所在”[①]。他在许多讲话中都强调，要坚持以人民为中心，始终把人民放在心中最高位置，也希望非洲青年今后在各自国家将这些理念付诸实践。习近平主席是一个很好的领导人，是一个有明确目标的领导人，是一个热爱人民和为增进人民福祉而奋斗的领导人，是一个给世界以机会和希望的领导人。在习近平主席的领导和推动下，中国与非洲通过加强双边关系、双边合作取得了共同发展，实现了平等互利，体现了中非关系的本质特征。

作为一名留学中国的非洲学生和中非发展友好关系的支持者，我认为习近平主席对中非合作的贡献是至关重要的。虽然中非之间的友好合作已经

① 习近平：《习近平谈治国理政》（第三卷），外文出版社，2020，第454页。

取得了许多成果，但我们还有很长的路要走，在此我想提出自己对加强中非双边关系的一些建议。

如前所述，习近平主席提出并承诺帮助非洲国家培养非洲青年，使他们成为发展中非关系的见证人，这是一个相当好的主意，也是中国领导人助力非洲大陆发展，以及决心维护和发展中非友好关系的体现。在我看来，习近平主席从中方角度为发展中非关系采取了积极行动，非洲方面也需要有一个愿景。因此，我们非洲人，特别是我们非洲的年轻人，对中非关系的发展方向要有更好的理解和期盼，所以，我对中非合作计划有三点补充建议。

第一，加强非洲学生在中国的职业培训。建议把在中国学习的非洲学生分为两组：第一组是来中国学习 5~8 年的非洲学生，上 1 年预科，然后本科 4 年，硕士 2~3 年；第二组是那些在完成 5 年学习并毕业之后，想要获得工作签证并在中国合法就业的非洲学生。有些了解中国、了解中国的劳动制度，而且自己的国家也在实施中国模式的非洲学生，不仅有在中国的学习经历，还在中国公司有过实习经历，他们也愿选择留在中国内地工作一段时间，这对未来的非洲发展无疑是更为有利的。对于那些决定在中国学习、毕业后立即回国的人，他们只接受了学术培训，也就是说，他们只了解中国的教育制度和一些文化方面的事情。对他们来说，中国的劳动制度仍然是全新和未知的事情，因此，在他们自己的国家实施所谓中国模式，以促进他们自己国家的发展、加强他们国家与中国或非洲与中国的关系，仍然是一件非常困难的事情。关于这个问题，最直接的方法是让非洲学生在留学期间在中国的不同公司实习。具体而言，学校可以安排非洲留学生用 3~5 个月时间实习，如果在中国的非洲学生人数太多的话，那么可以根据他们的学习成绩和表现，为最优秀的学生安排实习，这样能让他们更完整地了解中国、了解中国人的思想与工作方法，深入体验中国的劳动制度和日常工作状况。只有这样，才能使每一个在中国学习的非洲学生在返回自己的国家后，向非洲展示并在非洲适用中国模式，进而促进和加强非洲与中国的双边关系。

第二，推动在中国毕业的非洲学生回到本国政府工作。相对来说，在中国接受过教育的非洲学生更愿支持和推动中非关系。因此，这些非洲学生在回到自己的国家，并成为本国政府的一员，或者担任政府方面的重要职务之后，肯定会采取有利于中非双边关系发展的政策。据悉，美国或其他欧洲大国会为在那留学过的非洲学生提供证书或推荐信，使他们更容易进入本国政府工作，并推动本国与这些西方国家之间的关系。然而，对于那些有过中国学习经历的非洲学生来说，即使他们有能力，即使他们受过良好的教育，即使他们非常了解中国的制度和文化，即使他们为成为本国政府的成员已经好好地准备了，愿意为中非双边关系作出力所能及的贡献，以便确保中非合作在未来更加富有成效，但在许多情况下，他们还是得不到在本国政府工作的机会。

在我看来，在非洲各国政府工作的那些曾在中国接受教育的非洲学生越多，非洲的发展保障就越多，中非关系也就会越牢固。如果赤道几内亚的总理是一位曾在中国学习过的人，我相信他会非常希望喀麦隆总理也同样是一个以前在中国有过学习经历的人，因为这不仅有助于两国之间的相互理解，而且也有利于推动两国携手加强与中国的关系。其他非洲国家也是如此。如果那些在中国学习过的非洲学生，在自己的政府没有就职机会，甚至本国政府都是由以前在西方国家学习的人把持，那么中非关系的未来不可能不受到影响。

因此，我认为最好的解决办法是，中国政府可以要求大学根据学生的学业成绩与表现评出优秀非洲留学生，并将优秀毕业生证书交由中国外交部或有关部门进行认证，最后通过外交途径发给留学生所在的国家，以便增加这些学生成为本国政府或公共行政部门成员的可能性。至于他们是否能成功?这得靠他们的个人能力和运气。最重要的是，这会确保每个非洲国家都有了解中国的人，有愿意为中非友好合作关系作出贡献的人。

第三，我认为，习近平主席为发展中非关系所进行的努力不仅适用于中非双方，而且适用于世界其他地区的双边关系，甚至为世界其他国家和地区羡慕或模仿。例如，在法国举办的法国-非洲峰会，一些非洲年轻人被邀请与会。另外，欧盟也注意和认识到习近平主席提出的“一带一路”倡议的重要性，想要启动一个类似的项目，以“对抗与抵消”中国在世界各地的影响，特别是在非洲的影响。欧盟还承诺在非洲进行巨额的投资。而我们非洲青年，特别是这些在中国学习的非洲年轻人，已经对我们的立场非常清楚，我们同时也知道，并非常重视推动中非合作更加强大和持久的重要性。

我在武汉的抗疫经历

〔贝宁〕大明（Tiando Sinonmatohou Damien）

个人介绍：

Tiando Sinonmatothou Damien（中文名：大明），中国地质大学（武汉）贝宁籍留学生。2012 年获帕拉库国立大学（贝宁）行政法与公共采购学士学位；2016 年，在中国留学基金委的资助下获中国地质大学（武汉）环境与资源保护法硕士学位，在校期间曾获优秀研究生奖；2020 年获中国政府留学生奖学金；2021 年获湖北省“百生讲坛”银奖和“优秀嘉宾”荣誉。作为中国地质大学（武汉）国际留学生博士奖学金获得者，大明已于 2022 年 6 月获得该校公共管理学院土地资源管理博士学位，他的研究兴趣是热带沿海土地利用和土地覆盖变化对西非生态系统服务价值的影响。作为非洲来华留学生代表，大明曾先后参加过中国非洲研究院举办的“第四届中国讲坛：武汉非洲留学生抗疫故事”、“首届非洲留学生论坛：我们是非中友好的传承者”和“首届中非文明对话大会：文明交流互鉴推动构建新时代中非命运共同体”等活动并发表主旨演讲。在武汉“战疫”期间，大明自发组织“钢铁侠”国际学生志愿者队并担任队长，为武汉打赢新冠疫情阻击战贡献了国际学生的力量。

2020 年 1 月，我原本计划去河南漯河的中国朋友家过年，但突如其来的新冠疫情打乱了我的计划。当时，和许多在武汉的非洲学生一样，我一开始很害怕，但学校老师对防疫工作的细致部署很快让我冷静下来。在学校的帮助下，留学生们的情绪都迅速稳定下来。据我所知，其他在武汉的非洲学生也在学校的帮助下渡过了难关。同时，我也从新闻中看到，中国政府果断采取了许多措施来进行疫情防控，全国各族人民团结一心抗击疫情。中国是一个把人民的生命放在最高位置的国家。

对留学生宿舍进行封闭管理后，每天都能看到老师们忙碌的身影，我知道他们在为我们留学生安排生活用品，协调水电费支付等琐碎的事情。武汉是我当时学习、生活的地方，我把这座城市视作自己的家。如果我的家“受伤”了，我怎么能开心呢？作为国际学生丝绸之路志愿者队的队长，我觉得我应该为抗击疫情做点什么，我必须和老师们一起保护我们共同的家园。我迅速联系了来自巴基斯坦、也门、塔吉克斯坦、卢旺达、坦桑尼亚、尼日利亚等 13 个国家的 23 名国际学生。大家一致同意组建一支志愿者队伍，并将其命名为“钢铁侠”国际学生志愿服务队，“钢铁侠”的意思是勇敢、顽强的战士。我们的志愿者团队与学校合作，为 400 名在校国际学生提供日常生活支持。留学生宿舍实行封闭管理后，我们成立了订餐组、日用品采购组、物资配送组等小团队，有条不紊地做好各项工作。

记得学习中文时，我听过一句谚语：“人心齐，泰山移。”以前我不是很明白，但通过这次志愿服务的经历，我慢慢理解了这句话的含意：如果我们共同面对困难，没有解决不了的问题。在志愿服务的过程中，我们把爱传递给别人，也感受到别人的关心和爱。记得 2020 年 2 月，湖北荆门谭店村的农民们向我们留学生捐赠了 4000 公斤“爱心蔬菜”。那天，我们志愿者团队从早到晚都在忙着给外国留学生送菜。虽然汗水湿透了我们的衣服，但没有一个志愿者喊苦叫累。每个人心里都很温暖，因为我们知道我们在做一些有意义的事情。后来，我们“钢铁侠”国际学生志愿服务队专程前往湖北荆门谭店村，感谢当地政府和村民在困难时期送给我们的蔬菜。村民们热情地欢迎我们，并带我们参观了当地的企业。从他们的笑容中，我感受到村民们对生活的热爱；通过访问和交谈，我近距离看到了中国农村的发展和巨大变化，感受到了中国社会的活力。

当疫情汹涌来袭时，中国政府作出了果敢、正确的决策，中国民众对政府的配合、中国共产党人奋战在最前线的精神，使疫情在中国迅速得到控制。这是我们的留学生第一次真正感受到一个大国的伟大之处，也是我第一次看到中国共产党的执政力量。习近平总书记把人民放在第一位。他亲自指挥、亲自部署抗疫。我们这些留学生，也从中国抗击疫情的“见证者”，变成了一线的“参与者”。通过亲眼所见、亲耳所听、亲身所感，我们深刻认识到中国是一个负责任的大国，中国政府坚持“以人为本、生命至上”。在76天的武汉抗疫之战中，我们“钢铁侠”志愿者队伍不分国籍、种族、民族，与中国人民并肩作战，共同抗击疫情。我们团结一致，战胜了新冠疫情这个共同敌人。我们明白了人生的意义，我们同舟共济。来自漯河的朋友对我说，“钢铁侠”志愿者团队很棒，非常积极，非常中国化。

抗疫期间，我和另外几名非洲学生接受了中国国际电视台（CGTN）英语频道和法语频道的采访，并通知在非洲的家人和朋友观看了直播。在采访中，我们展示了在中国地质大学的学习生活，这样既安抚了在非洲的家人，也通过讲述自己的抗疫经验，消除了国际上关于中国抗疫的谣言。2020年12月，法国国际广播电台“RFI”翻译并播出了我们“钢铁侠”国际学生志愿服务队抗击疫情的故事，并发表在《长江周刊》上。后来，*Bénin Intelligent*、*La Perche du Nord* 和 *Daabaaru* 等法语报纸也用整版篇幅报道了我们。2021年4月，我们在外交部举办的湖北全球特别推介会上，参与分享非洲学生抗击新冠疫情的故事。

当新冠疫情以前所未有的凶猛势头席卷全球时，任何国家都不能置身事外，独善其身。没有什么比这场全球公共卫生危机更能揭示人类休戚与共的客观现实。各国都在同一条船上，经受生死考验。在第73届世界卫生大会开幕式上，习近平主席在发表讲话时，呼吁各国团结合作，携手抗击新冠疫情，共同构建人类健康共同体。对此，与会各方高度肯定。

习近平主席对非洲新冠疫情发展情况深表关切。2020年6月，在中非团结抗疫特别峰会上，习近平主席发表了《团结抗疫　共克时艰》的主题演讲。在这次峰会上，习近平主席强调团结合作是抗击疫情最有力的武器，充分体现了中非患难与共的特殊情谊。当时我们“钢铁侠”志愿者团队非常受鼓舞，希望为其他国家抗击疫情作出贡献。我们将《方舱庇护医院建设运营手册》和《新冠应急医院建设运营手册》翻译成其他文字，并发到网上免费供人阅读。

中国和非洲一直是命运共同体。近年来，中非之间的共同体意识在各领域友好合作中进一步深化，特别是在共同抗击新冠疫情中得到了升华。在非洲抗击新冠疫情的过程中，中国政府紧急向非洲国家提供多批紧急医疗物资和疫苗，并向17个非洲国家派出医疗小组。到2021年，中国医院已与38个非洲国家的43家医院开展了对口合作，为非洲培训了2万多名卫生工作者。[①] 有了中国的帮助，非洲疾控中心总部建设提前启动。这些实实在在的努力，赋予了中非命运共同体的真正内涵。这一共同目标强烈地激励中非命运共同体所有成员弥合分歧，超越分歧，团结一致地抗疫。在此，我想以自己在武汉的抗疫经历以及从中得出的感悟，向在华非洲青年发起一项倡议：让我们努力学习，展现做中非发展共同体智力建设者的雄心；共克时艰，团结抗疫，做中非卫生共同体的坚定维护者；了解中国，相互学习，做中非命运共同体的传播者！

① 《南非小伙的真心话：西方国家吓到我了!》，搜狐网，2021年12月3日，http://finance.sina.com.cn/jjxw/2021-12-03/doc-ikyamrmy6648359.shtml，最后访问日期：2023年6月5日。

中非合作篇

习近平与中非合作

〔坦桑尼亚〕米琳琳（Millen Minja）

个人介绍：

Millen Minja（中文名：米琳琳），武汉科技大学坦桑尼亚留学生。2020年通过中国汉语水平四级考试（HSK4），目前在武汉科技大学攻读医学学士学位。米琳琳热衷于参加志愿者服务、学校活动、体育运动和医疗健康援助，在校期间曾荣获多项荣誉称号和奖学金。她不仅擅长英语、斯瓦希里语，还能够讲流利的普通话。

为什么中非关系如此密切，友谊如此深厚？关键在于双方形成了真诚友好、平等相待，互利共赢、共同发展，主持公道、捍卫正义，顺应时势、开放包容的中非友好合作精神。这充分体现了中非关系几十年来风雨同舟、共克时艰的精神风貌，为中非友好关系持续发展提供了强大动力。中非友好关系之所以能出现今天这样的喜人局面，要归功于中非双方的共同努力，其中就包括中国共产党及习近平主席的贡献。

2013年习近平就任中国国家主席后不久就出访非洲，我的祖国坦桑尼亚是他此访的第一个非洲国家。他在此次访问中首次提出了“真实亲诚”的对非政策理念。多年来，中国一直是坦桑尼亚第一大贸易伙伴和第一大外资来源国。坦方珍视与中国的传统友谊，感谢中国长期以来的支持和帮助，愿借鉴中国在扶贫、治国理政等方面的经验，加强与中国在贸易、基础设施、人文等领域的交流与合作。中坦合作为坦桑尼亚加快工业化进程、完善基础设施、营造良好营商环境发挥了重要作用。中坦友好合作及其取得的成果，只是中非友好合作的一个局部和缩影。作为坦桑尼亚公民，我对此备感欣慰，同时也坚信，在习近平的领导下，中国人民一定能够实现中华民族伟大复兴的中国梦。

中国共产党在过去一个世纪的奋斗中为何能取得如此举世瞩目的成就？我想许多人都希望知道这个问题的答案。我认为其秘诀就是中国共产党的自我革命和创新。中国共产党不是一个停滞不前的党，而是一个借力科学技术来解决发展问题的党。通过一系列措施和努力，中国共产党缩小了国内贫富差距，增加了百姓收入，减少并摆脱了绝对贫困。

在 2021 年 7 月 1 日中国共产党成立 100 年之际，我对这个伟大政党发出了由衷的祝贺与赞美。我对中国共产党在消除贫困方面所作的贡献表示欣赏，对中国共产党带领中国人民抗击疫情取得的巨大成就表示钦佩，对中国共产党推动中非友好合作的努力表示感谢。

青年是社会中最活跃和最重要的力量。一个国家的发展，需要靠年轻的、有技能的、有才干的公民来推动。在培养非洲才俊方面，中国给予了许多支持和帮助。

——中国为非洲青年提供了多个领域的培训机会，帮助他们在未来的职业生涯中有所作为。而今，有了中国的帮助，无论是在传统产业领域还是在现代产业领域，如互联网等新兴产业，非洲年轻人都可以施展才华，大展拳脚。

——在中国相关政策鼓励下，非洲青年得以在经济、社会、科技、文化等领域发挥自己的智慧和特长，服务自己的国家和人民，以及促进中非合作。中国有关方面也正在调整某些政策，以开放的姿态欢迎更多的非洲人与中国开展合作。

——知识可以塑造一个人的未来，教育可以改变一个人的生活。在中国发展教育事业的过程中，非洲青年一代也见证并受益于这一历史性进步。中国为非洲学生提供了各种奖学金，非洲青年因此获得了更多升学机会。

——中国为非洲年轻人提供了更多了解中国的机会。中国已经实现了从“中国制造”到“中国智造”的飞跃，这有助于打开非洲年轻人的思路，让他们认识到榜样的力量，认识到智慧工作的重要性，并把这种观念传递给非洲的下一代。

——中国的经济技术影响力和综合国力不断增强，为年轻一代的发展和成长提供了良好的基础，也增强了非洲青年发展的信心。

虽然2020年初以来，新冠疫情的暴发与蔓延严重影响了世界各国经济社会发展，也严重干扰国际合作，但中非经贸合作让人信心不减。中国对非洲经济增长的贡献率连续多年超过20%。2020年，在国际市场低迷的背景下，中非贸易额达到1870亿美元。虽然这一数字低于2019年的2087亿美元，但与其他国家相比，这一数字已经非常难得。未来，中国对非洲产品开放的大门还会越来越大。

中非投融资合作持续进行。投融资合作是中非经贸合作的重要组成部分。一方面，受疫情影响，各国经济都面临下行压力，中国对非融资也面临同样困难。不过，这种下降并非不可逆转。另一方面，2020年中国对非投资平稳，直接投资额接近30亿美元，这一点很不容易。2020年6月，尼日利亚莱基深海港项目正式启动，获得中国企业超过10亿美元投资。该项目显著提升了西非运输能力和竞争力，为当地创造了大量就业机会。同时，中国企业还在肯尼亚内罗毕高速公路项目中投资6.68亿美元。这些项目都是中非投融资合作的新模式，有利于开创中非合作新局面。此外，中国还与19个非洲国家在二十国集团框架内签署了延期债务偿还协议或达成缓债共识，并决定免除15个非洲国家2020年底到期的政府无息贷款，是二十国集团成员中落实缓债金额最大的国家。

中非务实合作保持着良好势头。2020年6月，中非团结抗疫特别峰会召开，中国成为2020年唯一同非洲国家举行峰会的大国。中国为非洲各国和非盟抗击疫情提供了多轮高需求物资援助，非洲国家也坚定支持中国抗击疫情的努力，展示了中非同舟共济的精神。在疫情严重的情况下，各国加强边境管控，加大了人员往来的难度。尽管如此，一大批中国技术人员仍在非洲坚守岗位，帮助非洲发展。

“一带一路”倡议在非洲广受欢迎，截至 2021 年底，已有 52 个非洲国家和非盟委员会同中国签署了共建“一带一路”合作文件，“一带一路”合作几乎在非洲实现全覆盖。此外，中国政府与非盟委员会签署了共同推进“一带一路”建设合作文件。

今后，我一定充分利用在华留学的宝贵机会，认真学习、努力提高学术水平和个人能力，为中坦友谊、中非关系作出贡献。

中非命运共同体与中非合作

〔肯尼亚〕凯文（Adhere Cavince Otieno）

个人介绍：

Adhere Cavince Otieno（中文名：凯文），来自肯尼亚，现为华中师范大学国际关系专业博士研究生。目前的研究方向是中非关系及其对非洲社会经济转型的影响。凯文之所以想研究中非关系，就是被中非传统友谊以及中国在政治、经济、外交等领域的快速发展所吸引。近十年来，中国已成为非洲最大的贸易、建设、投资和金融合作伙伴。凯文的研究工作曾引起政府、政策制定者和国际关系学者的重视，曾被中肯两国主要媒体，如新华社、央视网、《中国日报》、《国家日报》、《标准报》等邀请撰稿和采访。

2018 年 8 月，作为年轻的非洲国际关系学者，我首次到访了中国。在这次行程中，我有机会走访了北京和内蒙古自治区，实地了解了中国从城市到农村的扶贫和经济转型经验。在台子村，我们看到了当地人如何将农业与旅游业结合起来，从而过上了更高质量的生活。目睹当地为摆脱贫困而采取的实际行动，非常鼓舞人心。

正是这次旅行，让我对令人羡慕的、正前所未有地流行于全球的中国发展故事产生了浓厚的兴趣。从那以后，我阅读了许多书籍和文章，了解中国如何从全球贫困人口较多的国家转变为满足大部分现代化社会指标的大国。中国的社会经济转型已成为海内外最吸引人的故事。1949 年中华人民共和国成立时，中国的工业生产体系薄弱且社会较为封闭，如今中国已经成为当今世界第二大经济体，使 8 亿多人摆脱了贫困。很多国家希望其也能够像中国一样提供广泛的公共产品，例如基础设施、医疗保健、教育等。出于与世界分享发展成果的目的，中国正在与几乎所有联合国成员国进行密切合作。中国到 2022 年为止，已经连续 13 年成为非洲最大的贸易伙伴。中国还成为非洲最大的发展项目融资方和建设方，推进了大量基础设施项目，涵盖交通、电信、能源、供水、农业和医疗保健等各个方面。

为了更好地了解推动中国社会发展的内在力量，我于 2019 年获得政府奖学金，并回到中国，在武汉的华中师范大学攻读国际关系博士学位。这篇简短的文章总结了中非合作的一些优秀成果，突出了中非合作过程中重要的驱动因素、机制和规划。

自 2000 年中非合作论坛成立以来，非洲与中国的关系突飞猛进。中国推动了多样的包容性全球议程，与一些非洲传统伙伴在对待国际事务的态度上形成了鲜明对比。非洲找到了一个可靠的合作伙伴——中国。非洲与中国建立了彼此之间的南南合作。这种合作越来越多地被视为西方大国所能提供的发展支持的替代。2013 年 3 月，习近平首次以中国国家主席的身份出访非洲，在坦桑尼亚强调中非“从来都是命运共同体”。2018 年 9 月，中非合作论坛北京峰会举行，中非双方在这次峰会上决定构建更加紧密的中非命运共同体，在中非关系史上树立了新的里程碑。

中非共同体理念也在实践之中得到了生动体现。在新冠疫情全球大流行期间，中国对非洲的援助令人印象深刻。由于非洲的公共卫生系统薄弱，新冠疫情的暴发使得非洲医疗用品供应链中断，加上一些发达国家囤积了抗疫物资，非洲转向中国寻求援助。中国政府、企业和基金会不仅通过在线方式与非洲交流疫情防控知识和经验，还向非洲捐赠了呼吸机、检测试剂盒、口罩、防护服和药品等抗疫物资。在新冠疫情袭扰非洲的第一时间，中国向 11 个非洲国家派遣了 148 名医务人员，加强了在大流行前已活跃在非洲的 46 个常驻中国医疗队的工作。为了提高非洲大陆对抗当前和未来流行病的能力，中国还资助非洲进行疾病控制中心建设。这个重要的疾控中心，将有助于满足未来非洲人民的健康需求。

2020 年 5 月，习近平主席在第 73 届世界卫生大会上发表讲话，承诺让中国的疫苗成为全球公共产品。这一承诺在非洲受到热烈欢迎。一方面，尽管避免了灾难性的死亡，但非洲经济仍受到为了减少病毒传播而采取的社会限制措施的严重打击。另一方面，非洲大陆几乎没有生产新冠疫苗的能力，这意味着其只能依靠发达经济体来供应疫苗。随着新冠疫苗开始投放市场，发达国家抢走了几乎所有已生产的疫苗，而非洲被排在了供应队列的最后。中国作为世界上重要的新冠疫苗生产国，通过合作方式在埃及、摩洛哥和南非设立了疫苗生产工厂，这奠定了为非洲提供更多疫苗的基础。

2013 年，中国推出了“一带一路”倡议，旨在促进非洲、亚洲和欧洲更深入的一体化和互联互通。这个倡议为推动以“和平与发展”为核心的新型国际关系提供了平台。非洲国家意识到“一带一路”倡议在帮助其实现社会经济现代化方面的潜力。这也是非洲国家对“一带一路”倡议报以热情的原因所在。截至 2021 年底，非洲联盟和 52 个非洲国家都已经与中国签署了共建“一带一路”的文件。要实现“一带一路”倡议，重点在实现“五通”。具体而言，“五通”包括政策沟通、设施联通、贸易畅通、资金融通和民心相通。它超越了经常谈论的基础设施建设。从本质上讲，“一带一路”倡议体现了中国非凡的社会经济转型和由此产生的对其他发展中国家的善意。中国的发展模式及其所取得的成就对非洲国家具有强大的吸引力。“一带一路”倡议有助于其他新兴经济体向中国学习，同时也有助于中国与世界分享发展机遇和成果。

自 2009 年以来，中国一直保持着非洲第一大贸易伙伴的地位。在进入 21 世纪的短短 20 年时间里，中非贸易额增长 20 倍，2021 年达到 2542.89 亿美元。根据《中国与非洲经贸关系报告（2021）》，中国在 16 个非洲国家建立了共 25 个经贸合作区，入区企业达到 623 家。中非经贸合作不仅为非洲人提供了就业机会，而且也在积极推动非洲大陆的制造业发展。近年来非洲基础设施的完善和发展也得益于中国。不少非洲的铁路、港口、公路、能源、电信、农业和医疗保健等项目，都要归功于中国资金、技术等的参与。肯尼亚是“一带一路”在东非的支点，迄今已取得了多项成果，包括从港口城市蒙巴萨到行政首都内罗毕的蒙内铁路。这条铁路已有超过1500天的安全高效运行记录，在新冠疫情期间发挥着重要作用，它确保了抗疫物资的运输和供应。为了更好地对接发展愿景和实现共赢，中国和非洲国家正在利用政策协调机制，使“一带一路”和非洲大陆自由贸易区发展实现有效互补。非洲大陆自由贸易区是非洲一项雄心勃勃的计划，旨在改善连通性和贸易——将超过3.4万亿美元的国民生产总值和14亿总人口连接在一起。“一带一路”倡议无疑能为非洲自由贸易区的发展作出重要贡献。

2020年11月，中国宣布已摆脱绝对贫困。中国传奇般的脱贫壮举是外国人眼中最吸引人的故事之一，尤其是那些来自非洲的发展中国家的人。贫困仍然是非洲大陆面临的一个主要问题，每3人中就有1人生活在极端贫困中，2023年，撒哈拉以南非洲贫困人口总计5.34亿——占世界贫困人口的70%以上。世界银行估计，如果不采取有效措施，到2030年，多达86%的全球贫困案例将发生在非洲。这令人担忧，因为2030年也是实现联合国可持续发展目标的最后期限，其中一个重要目标就是消除各种形式的贫困。借助中国在消除贫困方面的知识和经验，非洲大陆许多国家也显著加大了扶贫力度，并取得了实实在在的成果。中国的一些扶贫减贫经验可以为非洲人民摆脱贫困的战略提供指引。除了在减贫方面提供的启示外，中国对非洲国家的国际发展支持也是全球生计转型计划的重要支柱。中国在此方面提供了资金、技术和人员，以帮助非洲社会在广泛领域开展经济活动。中国政府和人民已经证明，消除贫困应该通过精心设计和政策实施来实现，并且需要相应的监测和评估。更重要的是，非洲国家在减贫方面，也应该像中国那样，充分发掘和利用自己内生的创新能力。

“八大行动”在非洲

——以乌干达为例

〔乌干达〕伊丝（Nantongo Esther）

个人介绍：

Nantongo Esther（中文名：伊丝），乌干达籍，湘潭大学马克思主义中国化专业的硕士研究生，曾在乌干达麦克雷雷大学获教育学学士学位，主修英语语言和文学。

2018 年 9 月，中非合作论坛北京峰会举行。中国国家主席习近平出席开幕式并发表主旨演讲，表示中国愿以打造新时代更加紧密的中非命运共同体为指引，在推进中非“十大合作计划”基础上，同非洲国家密切配合，未来 3 年和今后一段时间重点实施“八大行动”。“八大行动”涉及基础设施、贸易、产业、能力建设、健康卫生等多个领域，并使包括乌干达在内的许多非洲国家从中受益。“八大行动”不仅促进了中非经贸合作的发展，而且促进了乌干达的发展，也使国际伙伴更加关注乌干达、加大了对乌干达的投资与合作。

中国已成为乌干达基础设施项目的重要融资国。中国投资的相关项目包括项目总投资 16.88 亿美元的卡鲁玛水电站、合同总金额 5.68 亿美元的伊辛巴水电站、造价 4.76 亿美元的坎帕拉—恩德培机场高速公路建设、恩德培国际机场扩建，以及高技术水平的标准轨铁路建设。这些项目可让乌干达在获得更低价的电力的同时，改善公共交通，并且有助于加速乌干达的工业化进程。此外，这些项目中 85%的劳动力是乌干达人，这为乌干达人创造了更多就业机会。

恩德培高速公路又称坎帕拉—恩德培机场高速公路，全长 49.56 公里。这条四车道的公路开创了乌干达此类公路的先河。乌干达人民认为它能大大缓解乌干达恩德培国际机场到首都坎帕拉中央商务区的交通压力。考虑到 95%的乌干达乘客在使用公路运输，分析人士认为，这条路还可以挖掘乌干达更多的经济潜力。这条路使游客和投资者更容易到达乌干达，也使乌干达人来往于首都更加方便。此外，它还使乌干达与邻国（如卢旺达和刚果民主共和国）之间的往来变得更加容易。

乌干达政府致力于通过建设更多的水电站来增加能源供给，而中国一直是这些水电站项目的主要资助者和承建者。卡鲁玛水电站是乌干达最大的电力项目，也是中国在东非、西非和中非投资建设的 53 座大坝之一。乌干达发电公司表示，目前乌干达每千瓦发电成本为 12 美分，一旦卡鲁玛大坝建成，成本将降至每千瓦 5 美分。它将有助于减缓电力短缺所带来的能源挑战，并为乌干达政府的《2040 年愿景》作出贡献。该愿景将确保农村地区的电力供应从 7%增加到 26%。伊辛巴水电站是乌干达的能源基础设施项目，乌干达希望通过这个项目帮助该国完成向中等收入国家过渡的目标。大坝一旦完成，该项目将产生 188 兆瓦的电力，这将大大减少该国的对外能源需求。阿亚哥（Ayago）水电项目将成为乌干达第二大发电大坝，装机容量初拟为 600 兆瓦。该项目将分两个阶段同时进行：首先，阿阿古北部将生产 350 兆瓦，之后阿阿古南部将生产 250 兆瓦。乌干达能源部部长认为，在乌干达的国际发展伙伴中，只有中国提供了最好的选择和资金并且没有任何政治附加条件。

中国将帮助非洲建立或升级 10 个学校，邀请 10000 名非洲高级专业人员参加研讨会和讲习班。同时，中国还在实施“未来非洲——中非职业教育合作项目”，启动非洲学生来华就业“直通车”。中国政府鼓励中国企业在非洲至少创造 80 万个就业岗位。中国政府表示，将履行为非洲青年提供更多机会的承诺，向非洲提供5万个政府奖学金名额、5万个研讨会和研修班培训名额。2000名非洲青年也将应邀来华交流。中方支持乌干达教育事业，为乌干达高校学生提供奖学金。这些奖学金促进了两国之间的知识共享和文化交流。中国大使馆还向乌干达学校捐赠了计算机等各种学习工具和学习资料。此外，汉语已被批准为乌干达中学教授的外语之一。中方与麦克雷雷大学建立的孔子学院促进了两国的文化联系。

为了帮助乌干达提升制造业水平，中方在乌干达兴建了辽沈工业园。作为全国首个示范性一站式中心产业园，辽沈工业园多次获得政府奖励。乌干达总统约韦里·穆塞韦尼曾为辽沈工业园总经理张浩颁发了表彰证书。乌干达政府表示，该工业园是乌干达其他工业园的样板。辽沈工业园占地约600英亩，预计到2025年将容纳80个行业。目前该工业园有13家企业入驻，雇用了约2500名当地员工。有关数据显示，目前该工业园已获得约2亿美元的投资。辽沈工业园是中国在乌干达投资的几个工业园区之一，类似的工业园区还有穆科诺区的天唐工业园、坎帕拉市的山东工业园、中部地区的科虹中乌农业工业园和东部地区的姆巴莱中乌工业园。这些工业园加快了乌干达的工业化进程，通过创造就业机会改善了许多乌干达人的生活，还使乌干达进口减少，从而维护了乌干达的贸易平衡。

中国是乌干达最主要的贸易伙伴之一。2022年乌干达对华出口总额达到5827.96万美元。乌干达对华出口商品以农产品为主，如油料、谷物、水果、香料、咖啡、茶叶、木材和动物制品等。中国向包括乌干达在内的最不发达国家提供免税、免配额的市场准入，因此，中国巨大的市场和激励措施，为乌干达贸易商向中国出口创造了机会，促进了乌干达的出口，有助于改善其国际收支。此外，中国也是乌干达第二大进口来源国。2022年乌干达从中国的进口额为10.77亿美元，主要进口商品为电器电子设备、机械、钢铁、纺织品、化学品和塑料制品等。中国是乌干达急需品的进口来源国，而且进口产品价格相对便宜，这不仅有利于改善乌干达的民生，还能有效地推动乌干达经济的发展。

中国曾与乌干达合作实施农民培训项目，旨在向乌干达农民传授提高农业产量的技能。该项目共培训乌干达农民近3000人。中乌双方还在乌干达全国建立了7个农业技术示范基地，向乌干达农民及相关人员展示了园艺、畜牧业、粮食种植、水产养殖、农业机械，以及农业增值和可持续经营模式等方面的先进技术。农业是乌干达的主要经济产业，该国70%以上的人口依赖农业为生。有关数据显示，乌干达农业在2014年至2015年对GDP增长的贡献率为24%。该年度GDP增长的主要原因是资金投入和粮食作物产量增加。乌干达希望在农业方面扩大与中国的交流与合作。据专家介绍，中国杂交水稻在一公顷土地上的产量是乌干达国内品种的三倍。在同样的土地上，中国的小米产量是乌干达的两倍。乌干达私有化和投资部部长伊芙琳·安尼特（Evelyn Anite）表示，乌干达张开双臂欢迎中国公司进入乌干达农业领域，并指出乌干达政府已经为此出台了一系列激励措施。

中国承诺为非洲实施10个数字经济项目，设立中非卫星遥感应用合作中心，支持中非联合实验室、伙伴研究所和科技创新合作基地建设。中国将同非洲国家一道，扩大丝绸之路电子商务合作，举办非洲精品网购节和旅游电子商务推广活动，在电子商务平台上开展“百店千品上平台”营销活动。2021年8月21日，中国驻乌干达使馆与乌干达信息通信技术部合作举办了“万村通”项目研讨会。中乌与会嘉宾为下一阶段“万村通”项目进行揭幕。2019年，“万村通”项目第一期在乌干达500个村建成后，中国政府通过援助使该项目进入第二阶段。从2021年8月开始，乌干达的400个村庄将会得到400台太阳能数字电视、800台太阳能投影电视系统和8000台数字机顶盒设备。根据“万村通”项目规划，每个村要为公共区域配置3套卫星电视设备，选择20户协助安装20套直播卫星终端系统。公共区域卫星设备包括32寸数字电视一体机1台（含太阳能、卫星接收天线及附件）、投影电视系统2套（含太阳能、卫星接收天线及附件）。为家庭提供的卫星设备包括1套直播卫星终端系统（含卫星接收天线及附件）。该项目不仅可以提高乌干达农民的生活质量，还有利于他们的生产经营活动。

中国政府曾出资在乌干达纳谷鲁建设了中乌友好医院。中国医疗队还前往乌干达培训医务人员，并为乌干达民众提供了服务。乌干达卫生部部长表示，中国在促进该国医疗卫生事业方面发挥了重要作用。在过去的几十年里，中国一直向乌干达派遣医疗队，以提高该国的医疗水平。中国第一个医疗小组于 1983 年抵达乌干达，从那时起，已有 200 多名来自泌尿科、妇科、骨科等各种专业的中国医疗专家在乌干达服务。中国驻乌干达大使郑竹强表示，向乌干达派遣医疗队已成为中国与非洲国家开展医疗卫生合作的主要方式之一。他说：“多年来，中国医疗团队不仅为乌干达带来了高水平的医疗技术，还为乌干达带来了针灸和按摩等传统中医疗法。”

“八大行动”不仅促进了乌干达经济社会的发展，更让我坚定了做中非友谊、中非合作桥梁和使者的决心。在华期间，我将努力学习，为续写中乌友谊作出自己的贡献。

中非合作助力非洲交通发展

〔加纳〕弗兰克·埃博·萨戈（Frank Ebo Sagoe）

个人介绍：

Frank Ebo Sagoe（弗兰克·埃博·萨戈），电子科技大学加纳籍留学生。1999年毕业于加纳圣奥古斯丁学院，2011年获加纳温尼巴教育大学工商管理学士学位，2015年获英国考文垂大学石油和天然气管理硕士学位。曾于2012年12月至2014年7月在加纳财政部任地区采购和供应链官员；2015年10月至今在加纳总统办公室部门改革司工作。爱好喜剧、电影、足球、科研和志愿者服务等。

交通事故每天都有发生。只有不断完善交通设施、注重交通安全，才能减少交通事故发生。交通事故是致命的，而且后果要比人们通常想象的严重得多。交通安全涉及防止行人、驾车者、骑自行车者和其他所有使用道路的人。世界卫生组织统计数据显示，每年有125万人在交通事故中丧生，多达5000万人受伤。2010年，联合国大会宣布2011~2020年为交通安全行动十年，其目标是稳定并降低全球道路交通死亡人数的预测水平。该“安全行动十年”于2015年中期审查时发现，全球年度道路交通死亡人数的变化相对较小。正是在这种背景下，联合国秘书长于2015年任命了他的第一位道路安全特使。

据报道，非洲地区的机动化水平是世界上最低的，但它的道路交通死亡率是世界上最高的，平均每10万人中有26.6人死于道路交通事故。联合国欧洲经济委员会和联合国非洲经济委员会合作开展道路安全绩效审查，乌干达是两个试点国家之一。由此可见国际社会对非洲交通安全状况的重视和关切。

中国与非洲互为传统友好合作伙伴，双方合作涉及许多领域。中非在经贸领域的合作互惠互利，成效显著。2019 年中国对非直接投资存量超过 491 亿美元；中非贸易额达到 2087 亿美元，是 2000 年的 20 倍。到 2022 年，中国连续 13 年成为非洲第一大贸易伙伴，连续多年对非洲经济增长贡献率超过 20%。中非经贸合作还涉及交通基础设施建设方面，例如，亚吉铁路（亚的斯亚贝巴—吉布提）铁路、蒙内铁路（蒙巴萨—内罗毕），等等。

众所周知，在工程建设，尤其是交通工程建设方面，中国承建的项目具有价格低、质量高的特点。以高铁为例，中国的高铁网络规模最大，远超世界任何国家，但其平均每公里建设成本最多是其他国家的三分之二。

2013 年中国领导人习近平提出了“一带一路”倡议。对此，国际社会成员纷纷予以积极回应。绝大多数非洲国家与中国签署了共建“一带一路”谅解备忘录。基础设施不足是非洲发展的最大瓶颈，“一带一路”倡议将使非洲国家从中受益，这也是许多非洲领导人的共同观点。

在中非共建“一带一路”项目中，交通基础设施建设占有相当的比重，具体涉及铁路、公路、机场、港口等项目。作为“一带一路”在非洲的早期重点，东非地区就是一个中心节点，那里出现的许多交通基础设施项目，都是中非双方合作建设的。例如，前面提及的蒙内铁路是肯尼亚独立以来最大的交通基础设施项目，也是“一带一路”在东非的旗舰项目。亚吉铁路开通后，从吉布提出发，走陆路可通埃塞俄比亚，走海路可达苏丹、毛里塔尼亚、塞内加尔、加纳、尼日利亚、冈比亚、几内亚、圣多美和普林西比、喀麦隆、安哥拉和纳米比亚等国已规划和建成的港口群。此外，“一带一路”的海上丝绸之路还可以将吉布提与巴基斯坦的瓜达尔、斯里兰卡的汉班托塔以及缅甸的皎漂港和中国的香港相连。

中非合作有效促进了非洲大陆发展，特别是提升了非洲交通基础设施建设水平，为非洲大陆实现互联互通提供了支持。我相信，随着“一带一路”项目在非洲走深走实，中非合作必将助力非洲大陆经济实现更大飞跃。

加强中非公共卫生合作提升非洲公共卫生能力

〔加纳〕约瑟夫·阿莫阿（Joseph Amoah）

个人介绍：

Joseph Amoah（约瑟夫·阿莫阿），加纳籍，湘潭大学法学院博士研究生，曾在厦门大学获得法学硕士学位，并被评为厦门大学优秀国际法硕士毕业生（2019/2020）。目前他兼任湘潭大学中国-非洲经贸法律研究院研究员、厦门大学一带一路研究院研究员。

全球化发展要求世界各国对维护全球公共卫生安全采取全面而有效的举措。特别是新冠疫情暴发后，公共卫生安全越来越成为一个全球普遍关注的问题。中国与非洲在公共卫生领域的团结合作不仅有利于双方人民的健康，也对非洲提升维护公共卫生安全能力起到了重要的促进作用。

非洲对外关系的历史表明，非洲大陆“永远处于外部行为者的枷锁之下”，也就是说，它的“经济制度及其政治政策”是受“外部行为者”的影响形成的。然而，中国却在努力试图重塑非洲社会，让非洲人民能够决定自己的未来和命运。而今中非合作论坛和“一带一路”倡议已成为促进中非关系快速发展的重要机制。在这一点上，如果不提及中非合作论坛和“一带一路”，当代有关中非关系的研究文献在很大程度上可能是不完整的。中非合作论坛成立于2000年，由中国、与中国建交的53个非洲国家以及非盟委员会共同发起。中非合作论坛是中非集体对话的平台，也是发展中国家合作的机制。2013年，习近平主席提出了“一带一路”倡议。截至2021年1月30日，已有171个国家和国际组织签署了205份共建“一带一路”合作文件，其中有46个非洲国家，非洲也因此成为参与度最高的地区。该倡议是中国特色大国外交的重要组成部分。2016年是“十三五”规划的开局之年，也是“一带一路”建设的实战之年。“一带一路”进入“十三五”规划，树立“十三五”规划中的对外开放新格局。2017年，“一带一路”被写入《中国共产党章程》。在中非合作论坛和“一带一路”的推动下，中非合作特别是中非经贸合作有了快速发展。以中非贸易为例，21世纪以来双边贸易指标向好，2017年达到惊人的1700亿美元，同比增长14%。此外，截至2022年底中国对非洲的直接投资存量超470亿美元。所以，对非洲而言，中国是最可靠的“有影响力的第三方国家”。

几十年来，非洲大陆不断遭受传染病和非传染性疾病、伤害和创伤的“三重威胁”。非洲人的预期寿命一直很低，平均仅为52岁，而艾滋病、结核病和疟疾仍然是非洲大陆面临最大的公共卫生挑战。据统计，非洲每年有上百万儿童死亡，大部分与可预防疾病有关。在世界范围内，非洲大陆（除北非外）的儿童死亡率最高，且大多数婴儿死亡率、孕产妇死亡率、传染病发病率和死亡率指标很差的国家都在非洲地区。随着高血压、中风、糖尿病以及慢性呼吸道疾病的病例不断增加，慢性疾病的流行已经变得越来越令人担忧。2014年3月暴发的埃博拉病毒使非洲大陆的困境进一步加剧，造成11000多人死亡，这也进一步暴露了非洲公共卫生系统的脆弱性。公共卫生设施分布不均、医疗商品短缺以及卫生信息系统效率低下，都是整个非洲大陆公共卫生管理的主要问题。从整体上看，非洲的公共卫生状况是一种恶性循环，“贫穷及其决定因素加重了疾病负担，而健康状况不佳则助长了贫穷”。

为了改变这种情况，一些非洲国家增加了在卫生健康方面的支出，且其发展伙伴会确保每年在卫生健康方面提供超过100亿美元的援助。值得一提的是，自非洲联盟（非盟）成立以来，非洲各国开始在区域内部署有关公共卫生的创新举措。为落实《2063年议程——我们想要的非洲》，非盟已经推出了一些公共卫生政策框架和文件。这些文件包括《非洲药品生产计划》（PMPA）、《性健康和生殖健康与权利大陆政策框架》、《马普托行动计划（2016—2030）》、《到2030年在非洲消灭艾滋病、结核病和消除疟疾的催化剂框架》、《妇女、儿童和青少年全球健康战略（2016—2030）》、《非洲疾病控制和预防中心》、《非洲卫生战略（2007—2015）》，以及非盟阿布贾为在非洲根除艾滋病、结核病和疟疾所作的各项承诺和宣言。为了巩固这些举措，非盟还制定了《非洲卫生战略（2016—2030）》。该战略为确保降低整个非洲大陆的疾病发生率，提出健康是一项“人人必须享有的人权”，以促进建立有效的非洲驱动型应对措施。基于这些努力，非盟各国在国家和区域层面均取得了与公共卫生有关的重要进步。非洲成为全球第一个在规定的最后期限（2015年12月31日）之前实现“千年发展目标”中第六项关于艾滋病毒/艾滋病的分目标之一的区域。这和非洲大陆范围内与艾滋病毒/艾滋病有关的死亡人数大幅减少，以及抗逆转录病毒疗法（ART）的实施规模扩大有关。世界卫生组织（WHO）对此评价道：“这是一个重新呼应国家行动和国际团结的力量的里程碑。”2000年至2013年，2岁至10岁儿童的疟疾发病率下降了48%，而非洲大陆（不包括北非）普通民众中每1000名面临疟疾感染风险的病例数下降了42%，结核病治疗的成功率达到86%。

卫生部门获得可持续的融资是加强公共卫生的先决条件。由于非洲大陆的技术能力不足，债务危机、经济停滞及其相关的贫困负担给非洲公共卫生事业发展带来巨大压力，如果没有发展伙伴的支持，非洲不可能取得这些成就。一个典型的例子是非洲通过“减少疟疾”（RBM）倡议与全球伙伴合作抗击疟疾。在该倡议的框架下，共有500多支研发团队、私营或公共部门组织、研究和学术机构集中资源和专业知识，共同抗击疟疾。这一伙伴关系中的著名机构包括世界卫生组织、联合国开发计划署（UNDP）、联合国儿童基金会（UNICEF）和世界银行。尽管有这些国际机构和其他国家的合作支持，但中国作为一个“非传统捐助国”，在对非洲公共卫生问题的承诺方面非常突出。几十年来，卫生援助一直是中国对外援助的重要组成部分，尤其是对非洲的卫生援助。作为“一带一路”倡议的一部分，中国于2017年与世界卫生组织签署了《中华人民共和国政府和世界卫生组织关于“一带一路”卫生领域合作的谅解备忘录》，共建“健康丝绸之路”。自1963年向阿尔及利亚派出第一支医疗队以来，中国医疗队以一流的医疗工作水平，为非洲民众带去健康平安，用实际行动谱写大爱之歌，赢得了国际社会广泛赞誉。2009年，中国政府派遣了由1324名成员组成的60支援外医疗队，为包括非洲国家在内的57个发展中国家提供医疗服务。截至2023年5月，中国先后向76个国家和地区派出医疗队。“中国在全球卫生中的作用不再是正在浮现，而是它已经到来。”这一评论印证了中国在改善当今全球健康方面发挥的关键作用。

非洲国家意识到由于贫困的普遍存在，它们无力“购买”公共卫生服务，因此一直大力倡导公共卫生需要合作应对的理念。《2016—2030年非洲健康战略》的第一项指导原则将公共卫生确定为“人人都必须享有的人权”，这一指示强调了非洲国家对公共卫生的重视。此外，正如该文件第11条指导原则所规定的那样，非洲国家领导人主张：“疾病和灾害超越国界；需要在灾害管理和疾病控制方面开展跨界合作。”在这种背景下，非洲对公共卫生采取了合作的方式。此外，正如习近平主席代表中国政府在第73届世界卫生大会上的讲话中所重申的那样：“人类是命运共同体，团结合作是战胜疫情最有力的武器。”① 可见中国对公共卫生问题合作的支持态度。

在医疗方面，中非合作已经体现在抗击新冠疫情的斗争中。在中国抗击疫情最艰难的时期，非洲国家以多种方式向中国提供了必要的人道和物资支持。在非洲大陆受到疫情袭击后，中国政府立即向非洲国家提供了医疗援助。此前，中国已向50多个非洲国家派遣了46支常驻医疗队，此次又向非洲交付了大量医疗物资，并加快了中非友好医院的建设。为了形成统一的、更加强大的抗击疫情战线，2020年6月，中国和一些非洲国家领导人举行了中非团结抗疫特别峰会。在峰会上发表的一份联合声明中，双方重申了对多边主义的支持和对单边主义的反对，表示将采取必要措施保护非洲民众的健康和安全。中国政府强调，中国决定帮助非洲建设疾病控制和预防能力，

① 习近平：《习近平谈治国理政》（第四卷），外文出版社，2022，第417页。

加快非洲疾病控制中心总部建设，并确保向非洲国家提供的新冠疫苗可用且价格合理。

在第73届世界卫生大会上，习近平主席发表题为《团结合作战胜疫情　共同构建人类卫生健康共同体》的演讲，强调了非洲薄弱的公共卫生体系，并诚恳呼吁世界各国领导人优先帮助非洲提升抗击新冠疫情的能力。他还宣布了一项20亿美元的一揽子计划，以促进完善发展中国家的经济应对措施，并建立一个机制，确保中国医院与30家非洲医院之间的合作。在这个动荡不安的时代，中国在公共卫生领域对非洲的声援和帮助是有目共睹的，因此，对中非在公共卫生领域合作的抹黑也就更难令人信服。无论如何，有目共睹的就是中国的合作和善意是“为什么非洲的新冠疫情没有像大家担心的那样糟糕”的一个主要原因。

提到全球化的快速发展，讨论卫生合作在当今世界的意义是必要的。尽管缺乏一个有组织的全球卫生法律体系，但仍有一些软法律和条约来规范这一领域的活动。包括世界卫生组织、联合国、联合国儿童基金会等多个国际组织都对全球人类健康作出巨大贡献。然而，就国际卫生协议的谈判而言，世界卫生组织仍然是最重要的机构。世界卫生组织自1948年成立以来，一直是改善全球健康的主导力量。根据《国际卫生条例（2005）》第3条第3款，世卫组织旨在通过“为世界各地的人们建立更好，更健康的未来”来保护“所有人免受疾病的跨国传播”。世界卫生组织在全球建立强大的卫生系统并实现全民健康覆盖，在公共卫生的许多方面都做出了相当有影响力的成果，包括努力防治流感和人类免疫缺陷病毒（HIV）等传染病，以及癌症和心脏病等非传染性疾病。在法律方面，全球卫生领域过去几年取得了一些重大发展。严重急性呼吸综合征（SARS）爆发后，世界卫生组织在2005年建立了全球卫生安全法律框架，其中包括改善协调以应对全球健康问题。此外，将公共健康列为人权的一个基本要素是国际法在公共卫生方面发展的新成果。确立《世界卫生组织组织法》的核心原则之一是确保“不论种族、宗教、政治信仰、经济和社会条件，享有能达到的最高健康标准是每个人的基本权利之一”。同样，《经济、社会及文化权利国际公约》保障“人人有权享有能达到的最高标准的身心健康”。

全球对传染病的关注在SARS和最近的新冠疫情中体现得淋漓尽致，这表明新出现的威胁和传染病大流行正使得世界融为一体，这种融合跨越了种族、国界。世界卫生组织指出，SARS的出现是21世纪第一个威胁全球人类健康安全的传染病。SARS的暴发给全球卫生系统带来了真正的考验。受影响国家迅速且及时的合作努力，以及在世界卫生组织的处理和对全球疫情警报和反应网络的利用，使SARS造成的损失得以降低。这也印证了联合国秘书长的声明，即团结一致是战胜全球卫生挑战的最可靠手段。不过，尽管从SARS暴发中吸取了教训，全球备灾监测委员会（GPMB）等机构也对出现疫情的可能性发出了许多危险信号，至少在新冠疫情初期，仍暴露了全球缺乏应对疫情暴发的准备工作。后来，许多国家领导人改变战略，更多地采取合作方式，这对于有效防御该大流行病至关重要。其中，许多国家采取的关键措施就是披露病毒的基因序列，这是在寻求科学解决方案这一方面取得的重大进展。除了统一全球新冠肺炎检测制度以加强对感染者的早期检测外，120多个国家还收到了世界卫生组织提供的包括检测包和个人防护设备（PPE）在内的捐赠。全球领导人逐渐接受这样一个事实，即只需要一个成功的解决方案，并与世界其他国家分享这个解决方案，就可以结束这场疫情。世界卫生组织应对新型冠状病毒牵头发起的“新冠疫苗获取机制”（COVAX）也发挥了至关重要的作用，其首批推广的60万剂疫苗于2021年2月24日抵达加纳。

毫无疑问，这些全球合作的实例产生了巨大影响，就这一点而言，全球在公共卫生方面的合作应该常态化。事实上，全球在统一实现公共卫生安全方面已经取得了重大进展。尽管如此，为了实现健康世界的理想目标，有必要继续迅速推进全球合作，特别是发展中国家之间的合作，以治愈世界上流行的疾病，并且做到未雨绸缪。在全球化的趋势下，只要有一个国家受到影响，全球公共健康就会受到威胁。由于认识到疾病不受领土边界或种族的限制，当世界寻求保护全球公共卫生和保障人类及其后代的安全时，各国必须团结一致，抵御任何新的或重新出现的对公共卫生的威胁。中国和非洲在确保公共卫生安全方面的合作取得了成功，现在是世界其他国家效仿的时候了。

我看中非经贸合作

——兼谈中国与赞比亚经贸合作

〔赞比亚〕马丁·西姆问噶（Martin Simwiinga）

个人介绍：

Martin Simwiinga（马丁·西姆问噶），武汉科技大学赞比亚籍留学生。现在，马丁在该校攻读矿业工程硕士学位，曾任赞比亚留学生协会武汉分会会长，现任赞比亚驻华学生协会秘书长、武汉科技大学国际学生办公室助理。

我是一位赞比亚青年，至今已在中国学习生活了5年。在此期间，我一直在关注中非友好合作进展，特别是中非经贸合作。我认为中非经贸合作发展良好，取得了可喜的成果。中非经贸合作不仅有利于中非双方，还能惠及第三方。以下是我所了解和认识的中非经贸合作。

1978年，中国开始了改革开放。从此，中国的经济和社会迈入了快速发展的轨道。中国人民的生活水平稳步提高，中国的综合国力不断壮大，中国的国际影响力日益提升。

改革开放以来，中国经济全面发展，而且曾在较长时间里保持着高速发展，到后来终于在许多关键领域获得了具有竞争力的全球市场份额。与此同时，中国诞生的一批企业，尤其是在互联网和移动通信技术领域，比如腾讯、阿里巴巴、华为等，已经达到世界标杆级别。

现今，中国已使8.5亿人口摆脱了贫困，中产阶级群体不断扩大，一些中国人甚至跻身世界富豪的行列。中国的许多经济发展指标都排在世界的前列，如中国是当今世界第一大贸易国，甚至被认为是“全球经济超级大国”。目前，中国的经济总量仅次于美国，是世界第二大经济体。

中国的改革开放及其取得的巨大成就，不仅给中国和中国人民带来了很多好处，还使国际社会广泛受益。以人均收入的增长和联合国“千年发展目标”的实现为例，中国经济增长对世界经济增长的贡献率达到甚至超过了30%。持续发展壮大的中国开始在国际经贸合作领域扮演着越来越重要的角色，这其中就包括中国与非洲之间的经贸合作。

人们常说，中国是世界上最大的发展中国家，非洲是世界上发展中国家最集中的大陆。发展中非之间的友好合作关系，对于中非双方来说都具有重大战略意义。习近平主席强调，中非“从来都是命运共同体”。联合国秘书长古特雷斯认为，中非合作是南南合作的核心内容，对世界和平与发展至关重要。

根据《世界人口展望2022》数据，全球人口达80亿，其中中国有14.26亿，非洲有14.27亿。因此，中国和非洲的人口之和实际上超过世界总人口的三分之一。从这些数字不难得出这样一个结论：世界未来的发展离不开中非双方的共同努力。甚至可以认为，中非经贸合作的发展，不仅事关中非双方，还会对国际经贸合作和世界经济产生重大影响。

历史事实告诉我们，西方列强来到非洲是为了殖民非洲、奴役非洲人和掠夺非洲的资源，它们甚至用暴力等非人道的做法对待非洲人。即使在非洲赢得独立之后，西方国家在与非洲国家进行经贸合作时也未能平等对待非洲国家，而且在许多情况下过于看重和算计自己的利益。这与注重平等相待、互利共赢的中非之间的经贸合作形成鲜明对比。

在中非合作的过程中，中国愿意与非洲伙伴分享自己的经验，愿意尽可能地向非洲方面提供相关帮助和便利。例如，在经贸合作方面，中国愿意向非洲国家开放市场，对许多产自非洲的商品实行优惠税率甚至零关税。由此凸显了中非合作属于南南合作的实质。

在新中国刚成立时，中国的经济水平很有限，综合国力还不强，但从那时起中国就通过合作的方式帮助非洲。最为典型的案例就是坦赞铁路。这是一个将赞比亚的铜矿带与坦桑尼亚港口城市达累斯萨拉姆连接起来的铁路项目。这条铁路还被誉为“非洲自由之路”和象征中非友谊的“友谊之路”。

伴随着改革开放，中国迅速发展壮大，经济水平和综合国力已是今非昔比，中非经贸合作也由此迎来了越来越多的机会。特别是2000年中非合作论坛设立以来，中非经贸合作快速发展。2013年中国提出的“一带一路”倡议，又进一步推进中非经贸合作。如今，中国已成为非洲的第一大贸易伙伴国，同时也是非洲的第一大直接投资国。中非经贸合作的领域涉及贸易、农业、基础设施、产能合作等方方面面，甚至还包括高科技。

中国海关总署数据显示，2021年中非双边贸易总额达2543亿美元，同比增长35.3%，其中非洲地区对华出口1059亿美元，同比增长43.7%。近年来，中非贸易合作出现了一个新情况，那就是数字经济正逐步成为中非经贸合作新亮点。有人认为，“数字贸易是中非经贸合作的新形态，可以帮助更多高质量、有特色的非洲商品进入中国市场”。

在农业方面，中国拥有较为先进的农业技术和自己的特色。中国愿与非洲国家无私分享水稻种植技术，这对改善非洲国家的民生、保障非洲国家的粮食安全意义重大。在加工业、制造业、信息科技，甚至航空航天等方面，中非之间有着大量的具体合作项目，而且合作形式也更加多样，如在不少非洲国家出现的工业园区。

基础设施合作一直是中非经贸合作的重点方面。通过中非合作方式完成或正在建设的基础设施项目，例如，港口、机场、铁路、公路、桥梁、大坝等，可以说遍及非洲各地。还有非洲大陆有史以来最大的住房类项目之一——安哥拉的罗安达新城项目，也是中非合作的项目。该项目包括710栋公寓楼、24所幼儿园、9所小学、8所中学等。中非双方在基础设施方面的合作，改善了非洲的交通和物流条件，提高了相关服务水平，对非洲的经济发展和社会进步具有积极作用。

在中非经贸合作的过程中，中方还十分重视环境保护，愿意与非方分享相关技术和经验，来帮助非方治理污染、发展绿色经济、提高能源利用效率。考虑到非洲在生物制药方面还存在严重不足，中方帮助非方建设疫苗生产基地，这对非洲抗击新冠疫情非常重要。

中国与赞比亚于1964年10月29日建交。赞比亚是南部非洲第一个与中国建交的国家。两国传统友谊深厚，双边友好合作关系不断发展。赞比亚前总统卡翁达曾在任期内4次访华，并称中国为“可信赖的全天候朋友”。习近平主席不仅与赞比亚领导人保持着密切的联系，还多次派特使访问赞比亚。在我的心目中，习近平主席享有极其崇高的地位，应当被视为21世纪最伟大的领袖之一。

作为一个赞比亚人，我非常关心赞比亚与中国的关系，包括两国之间的合作特别是双边经贸合作。我知道赞比亚与中国的关系史，也知道赞比亚与西方国家的关系史。两相对比，西方国家并没有像中国那样为赞比亚提供那么多的帮助。例如，自1967年以来，中国为赞比亚承建和援建了坦赞铁路、公路、玉米面厂、纺织厂、打井供水等70余个项目。21世纪以来，随着中非合作论坛的设立、“一带一路”倡议的提出，赞比亚与中国的经贸合作又有了新的进展。截至目前，中方又为赞方援建了体育场、医院、学校、农技示范中心、疟疾防治中心、小水电站、太阳能、打井等多个项目。

自2005年1月1日起，中方对赞部分出口中国产品给予免关税待遇。2007年7月1日起，中方将赞方享受零关税待遇范围输华商品的税目增至466个。2010年5月，中赞签署了中方向赞方提供60%输华商品免关税待遇的换文。2014年12月，双方就中国将向赞输华商品免关税待遇范围扩大到97%完成换文。自2022年9月1日起，中国已给予赞比亚98%产品零关税待遇。

众所周知，赞比亚是一个自然资源丰富的国家，特别是铜蕴藏量巨大，素有“铜矿之国”之称。此外，赞比亚还有铅、镉、硒、镍、铁、金、银、锌、锡、铀、绿宝石、水晶、钒、石墨、云母等矿物资源。因此，中国与赞比亚在矿业方面的合作非常密切，如矿物开采，矿物冶炼和加工等。目前，赞比亚最大的铜冶炼厂就是中国与赞比亚合作兴建的。双方经贸合作项目为赞比亚提供了越来越多的就业机会，并使许多赞比亚民众摆脱了极端贫困。

最后，我想说的是，在中国、赞比亚和其他非洲国家领导人的共同关心和努力下，包括经贸合作在内的中赞以及中非之间的友好合作关系，始终保持着健康、稳步的发展。只要中非双方携手合作，就一定可以创造一个更加美好的未来。

我眼中的中非合作

〔刚果（金）〕毕涛（Betao Ngoma Mushinda）

个人介绍：

Betao Ngoma Mushinda（中文名：毕涛），来自刚果民主共和国。目前，他是中国石油大学马克思主义学院国际政治专业的一名留学生，也是金沙萨大学国际关系系的一名教师和研究员。毕涛是刚果民主共和国国际政策和中国事务方面的专家。

当我还在非洲时，特别是还在我的国家刚果民主共和国时，我对中国的印象、对中国的了解主要来自媒体报道。显然，这种对中国的印象和了解并不是直接获知的，自然也是非常肤浅的。直到我有幸来到中国，并且在这里待上了一段不短的时间后，我才算对这个国家有了直接的体验和感受，对中国的看法和认知也更加切合实际。

来中国之前，我想象在中国商店或超市出售的物品的价格会比其他地方便宜，会比非洲的便宜。这种想象是我基于对非洲货币购买力的比较得出的。但当我走进中国的市场时，我很快注意到手机和电脑等的价格很高，与在非洲市场销售给普通非洲人的价格相比要高得多。于是我不禁想，为什么会这样？

答案在于中国企业家具有适应世界上任何消费市场的能力。他们能够生产高端、中端和低端不同档次的产品。很明显，非洲的人均购买力并不高，在非洲市场销售的中国商品的价格，以及商品的性价比等，应该适应非洲的实际。中国企业家很明白这点，所以专门为购买力相对较低的非洲市场，推出了能适应非洲普通消费者的商品，从而使许多非洲人可以获得过去对其来说近乎于“奢侈”的商品，如智能手机和电脑等。当然，在非洲市场销售的中国商品不只有低端的，也有中端和高端的。

通过对比非洲市场和中国市场在售中国商品的价格，我对中国的工业生产能力和水平又有了全新的认识。以手机为例，在我来中国之前，我只知道“华为”这个著名的中国手机品牌。当我置身于中国后，我才惊讶地发现，中国生产的手机并不是只有“华为”，还有其他品牌，像“OPPO”“小米”等品牌的手机，性价比都很高，但它们在非洲却鲜为人知。类似的中国商品还有不少。所以，我个人认为，这些中国商品在非洲也同样会有较好的市场前景。

中国拥有完善和高质量的基础设施，这可能是我在中国感受最深、最直观的发现之一。我知道中国是一个新兴国家。以我原来对“新兴”概念的理解，中国的发展程度应该比大多数非洲国家强不了太多，特别是在基础设施方面。但我来到中国后惊奇地发现，这里的公路、铁路和港口设施，以及居民的住房等都是那么完善，给人以一种难以形容的舒适感。即便是城市郊区的建筑，也不逊于城市中心，质量同样能够得到保障。

凡是到过中国，特别是在中国有过旅行经历的人一定知道，中国的海、陆、空交通网络非常完善、发达和先进。无论是从南到北，还是从东到西，旅客可以很方便地安排自己的行程，或是乘坐时速300公里的高铁，或是搭乘飞机，也可以乘坐汽车或轮船。

根据我的观察发现，中国各地的大学体育设施不仅配置完备，而且质量很好，似乎都能达到非洲国家那些重要的、可供国际比赛的体育场馆的质量水平。而中国大学的这些体育设施仅仅是供普通学生使用，这令我感到惊讶！这反映出中国政府对青年发展的重视，不仅是在知识教育层面，也在体育运动层面。此外，中国大学的体育设施还得到了精心维护。例如，我所在的中国石油大学（北京），我常去踢球的足球场的草坪一直被维护得很好。

中国为何发展这么快？中国的发展对世界尤其是对非洲意味着什么？这是我一直在思考的问题。带着这些问题，我学习了习近平主席的有关思想。例如，习近平新时代中国特色社会主义思想的主要内容就包括，必须坚持以人民为中心的发展思想，发展全过程人民民主，推动人的全面发展、全体人民共同富裕取得更为明显的实质性进展。这说明中国社会有一个充满正义和更公平的财富再分配机制。这与资本主义社会形成了鲜明的对比。

对于习近平主席提出的“人类命运共同体”理念，我认为这是国家间消弭分歧、开展合作的务实解决方案，并且关乎人类命运和世界的未来。正如他所说的那样：“人类生活在同一个地球村里，生活在历史和现实交汇的同一个时空里，越来越成为你中有我、我中有你的命运共同体。”① 当今世界还存在着霸权主义、帝国主义、利己主义、不公正、冲突、战争等，“人类命运共同体”理念的提出，为减少这些影响起到了积极作用。

令我甚感高兴的是，习近平主席不仅强调构建人类命运共同体、实现互利共赢，还特意强调了中非“从来都是命运共同体”。这是他对中非关系的高度概括，也是他对中非关系的高度赞赏。非洲国家领导人也认为“中非命运共同体是一个伟大的构想”，表示愿意同中方携手构建更加紧密的中非命运共同体。

21 世纪以来，中非友好合作关系不断发展，并且取得了丰硕的成果。以基础设施建设合作为例，最为引人注目的例子之一就是蒙内铁路的建设，长 472 公里，这是肯尼亚自 1963 年独立以来建造的最重要的基础设施之一。当然，这种合作并不仅仅是在中国与肯尼亚之间，也同样存在于中国与其他非洲国家之间。

在经贸合作方面，尤其是基础设施建设合作方面，虽然非洲国家也一直在与西方国家合作，但双方合作的成效却无法与中非合作相比。有关统计数字显示，中非已经合作建设了 6000 多公里的铁路、6000 多公里的公路、近 20 个港口、80 多个大型电气设施、130 多个医疗设施、45 个体育运动场所

① 习近平：《习近平谈治国理政》，外文出版社，2014，第 272 页。

和 170 多所学校，等等。

如今，当看到西方国家，特别是西方媒体宣扬中国具有“全球霸权野心”、想把非洲国家拖入“债务陷阱”，以及中国对非洲实行“新殖民主义”等不实言论时，我既感到惊讶，也很愤慨。我坚信这种将中国“妖魔化”的企图决不会得逞。因为事实表明，中国与非洲之间的合作一直对非洲非常有益。中国发展的成功做法和经验还可以为非洲国家提供学习、参考和借鉴。

我对中国人有着非常良好的印象。许多中国人都非常努力工作。我的中国朋友可以长时间在办公室工作，直至深夜，但第二天仍然会按时上班，似乎此前什么都没发生过一样，这是中国人的长处之一。如果说中国人是一个工匠的话，那一定是一个勤奋的工匠。我对中国人的另一个深刻印象是中国人具有较强的适应能力。我个人认为，中国人的优秀品质可能还与博大精深的中华文化有关。

中华民族非常友好、热情和好客，对其他族裔的人，包括对非洲人都非常友好。然而，西方媒体经常散布的陈词滥调却是“中国人对非洲人有种族歧视，中国人不欣赏非洲人，非洲人是奴隶”，等等。这是何其荒谬、可笑的说辞，完全是歪曲事实的。以我自己在中国的亲身经历，我从未被人歧视过，在我身边也不曾发生过这样的事例。相信许多非洲同胞也都会与我持同样的看法。

我所经历的事实是，中国人见到非洲人时，特别是第一次见到非洲人时，大多表现得很友善。例如，他们或是会请非洲人拍照合影，或是会请非洲人喝茶，或是会要求加微信好友。不仅如此，不少非洲人还与中国人相识、相恋和相爱，并且结为夫妻。如果中国人真的是种族主义者，那么，他们绝不会给非洲人那么多的关注和帮助。所以，对于在世界各地经常成为种族歧视对象的非洲人来说，中国人对非洲人的这种友好和热情是真实和由衷的。

新时代中非经贸合作之我见

〔摩洛哥〕何晓娜（Hanane Thamik）

个人介绍：

Hanane Thamik（中文名：何晓娜），武汉大学信息管理学院电子商务专业摩洛哥籍博士生，曾被选为武汉城市世界推广大使、中非合作论坛摩洛哥青年代表。曾获2019年“一带一路”旅游形象大使、“2018中国杰出非洲学生”、联合国教科文组织文化成就奖、2017年武汉大学前20名优秀学生、2019年武汉大学优秀留学生奖，以及2020年度中国政府优秀来华留学生奖学金等荣誉。何晓娜曾于2019年作为全球54名成功青年之一入选联合国培训项目，并发表了多篇有关非洲国际关系的论文。

中非双方在经贸方面的优势互补，有效推动了中非经贸合作和双方的经济发展。由于非洲国家的经济发展和生产力水平相对落后，中国的机械电子、纺织品和高新技术产品在很大程度上满足了非洲人民的需求。另外，非洲拥有丰富的矿产资源，其能源、原材料和部分工业制成品也开始大量进入中国市场，以满足中国的需求。本文将介绍中非经贸合作的背景、现状、成就、不足和原因，以及新时代下中非经贸合作的发展趋势。

近年来，由于一些因素的影响，全球的经济呈现复苏乏力的现象，但中非的贸易往来仍在不断地发展，呈现较快的发展态势。自2009年中国成为非洲的第一大贸易伙伴国之后，中非贸易规模在不断发展和扩大。

2017 年中非贸易额已经高达 1700 亿美元，同比增长了 14.1%。即使受到新冠疫情的影响，中非合作依然保持着活力。为帮助非洲实现经济复苏，中国进一步向非洲产品开放市场，2020 年从非洲进口农产品金额同比增长 4.6%，连续四年保持正增长。中国对非洲国家出口的产品在质量上严格把关，而且价格合适，受到非洲人民的欢迎，满足了非洲各阶层人士的不同需求。

非洲本身拥有着丰富的原油和矿产资源，非洲向中国的出口也在不断增长。非洲矿产资源的出口，带动了非洲经济的发展。中非的经贸合作，为非洲的产品出口提供了一个较为稳定的市场，同时中国也采取了一系列的措施积极帮助非洲出口产品，如免关税和设立非洲产品展销中心等。中非贸易合作呈现互补性强的特点，具有很大的发展潜力，对双方的经济发展都具有促进作用。

经济基础薄弱、建设资金匮乏一直是非洲国家发展的主要瓶颈。中国政府加大对非洲国家的投资，不仅为非洲提供资金和技术上的支持，而且尽可能帮助非洲完善和发展基础设施，因为只有基础设施完善，才可以更好地促进非洲的经济发展。中非合作是中国外交的重要组成部分，其中基础设施建设合作成为中非经贸合作的重头戏。中国国家主席习近平在 2013 年提出“一带一路”倡议，其中的一个目标就是帮助一些国家实现基础设施建设现代化，实现设施联通。为了加快推进这些国家的基础设施建设，中国倡议设立“丝路基金”，并向该基金增资 1000 亿元人民币。

近年来，中国企业不断加大投资以完善非洲的交通基础设施，应了中国那句名言“要想富，先修路”。中国先后在非洲修建了多条高速公路、铁路、港口等交通基础设施，使非洲的经济得以更快更好地发展。肯尼亚的蒙内铁路就是典型的例子，该铁路全长约 480 公里，在 2017 年 5 月正式通车，并且拉动肯尼亚的经济增长 1.5%。

除了修建铁路，近年来，中国企业在非洲也修建了大量的水利电力基础设施，比如，卡鲁玛水电站、宗格鲁水电站、曼维莱水电站等，为非洲水利电力的发展提供了重要的帮助，同时也为非洲的经济发展起到了推动作用。

中国企业也在非洲承建了很多的标志性建筑，比如阿尔及尔大清真寺、坦桑尼亚姆旺扎城市购物中心等。这些建筑工程不仅在修建的过程中可以解决当地居民的就业问题，而且在建好之后也可以为当地居民的生活提供很多便利。例如，奔巴岛乡镇供水工程的建设，为附近的居民提供了清洁的饮用水，改善了当地居民的生活质量。

截至 2018 年，中国国家电网在非洲签约的合作项目累计超过 120 个，涉及 25 个国家，这加快了非洲国家电网的发展，提高了该地的技术水平，促进了技术升级，推动了电力的开发，为当地的供电提供了保障。中国在非洲修建了大型交通基础设施，包括近 20 个港口和 80 多个大型电力设施。中非基础设施建设合作成效显著，为进一步提升中非经贸合作水平，打造升级版中非合作奠定了良好的基础。

2000 年前后，中国政府提出的中国企业“走出去”、“走进非洲”倡议可以说开启了中非产能合作之先河，而且产能合作也是中非合作的重要方面。“一带一路”倡议推出之后，中非产能合作迎来了新的机遇。中国企业纷纷前往非洲投资建厂，进行生产和加工。去非洲投资建厂的中国企业不仅在逐年增加，还相继在这些非洲国家兴建产业园，甚至有的还不只是建了一个。

目前中国在非洲建成或在建的产业园大概有 100 个，其中 30 多个正在运营。它们既有利于解决当地的就业问题，还可以为非方培养各类职业技术人才，推动当地经济发展。产业园还可以帮助非洲国家的经济形成聚集效应，进而加强产业之间的联系，为地区经贸合作提供更多更好的机会。

中非经贸合作园区的建立不仅可以提高非洲国家的经济发展水平，而且也为更宽广领域的中非产能合作提供了资金和技术上的支持。而今，中非产能合作方兴未艾，越来越多的非洲国家从中看到了好处和前景。因此，中非双方应该继续加强产能合作，推动中非经贸合作向更深远的方向发展。

除了经济全球化等外部因素对中非经贸合作产生影响外，非洲国家天然存在的一些问题也是制约中非经贸合作的重要因素，如非洲区域差异的问题，这个问题是很久以来就存在的。大家都知道，非洲的石油和矿产资源丰富，其他自然资源也有不少。可遗憾的是，不同的自然资源往往分布在非洲的不同国家、不同区域。这也在某种程度上造成了不同非洲国家在与中国开展经贸合作方面存在差异的结果。

近年来，非洲国家相继发生冲突事件，局势动荡，造成了人员死亡和财产损失。这加剧了不少在非的中国商人对安全问题的担忧，还有一些中国公司甚至考虑撤离非洲。这在一定程度上阻碍了中非经济贸易合作。

新时代的中非经贸合作得益于“一带一路”倡议和中非合作论坛。“一带一路”倡议是中国国家主席习近平提出来的。非洲是中国在共建“一带一路”过程中的重要合作伙伴。“一带一路”倡议丰富了中非经贸合作的方式和内容。“一带一路”对于中国和非洲来说，应该是互为机遇。中非合作论坛的设立和发展，为中非经贸合作提供了良好平台和机制保障。这两个机制都推动了中非经贸合作的发展。

从最开始在农业、基础设施建设、矿产资源和能源等领域的合作，向以金融投资为主的领域合作转型；从开始的简单商品贸易向以建设产业园，产能开发合作的方向转型，中国与非洲实现了更高水平的经贸合作。这是中非经贸合作发展的必然趋势。未来的中非经贸合作也必然是高水平的合作。

中非经贸合作的规模与水平正在扩大和提高。中非合作兴建的产业园区和商品物流园，既推助了非洲制造业的发展，也使中非贸易更加便利。中非双方在许多高新技术领域开展的合作，比如风力发电、新能源等，都突破了传统经贸合作的方式，提升了合作的水平。“一带一路”也为非洲国家的发展带来了最需要的资金。亚投行、丝路基金等金融机构都向非洲国家开放，这对非洲国家来说犹如雪中送炭，很大程度上解决了非洲国家的融资难问题。

新时代的中非经贸合作既有机遇也有挑战。面对挑战，非洲国家应从可持续的角度去思考和解决问题，同时探索新的应对之策，健全和完善海外投资的服务和保障体系。非洲地区的科技水平较为落后，中国应加强中非在教育、科技方面的交流与合作，为非洲国家培养更多不同领域的技术人才，帮助非洲国家提升其科技发展水平。新时代中非经贸合作的发展，离不开双方的互助交流，合作创新。

“一带一路”篇

“一带一路”在非洲

〔乌干达〕天佑（Kakuru Dassy）

个人介绍：

Kakuru Dassy（中文名：天佑），来自乌干达，湘潭大学马克思主义学院马克思主义中国化专业硕士研究生，曾于乌干达麦克雷雷大学获得文学学士学位（2014~2018年），曾在乌干达卡农古区政府发展部门工作。

“一带一路”倡议是习近平主席提出的，它聚焦于全球经济发展，创造了连接中国、欧洲和非洲的途径。“一带一路”既着眼于加强互联互通和务实合作，又着眼于应对各种挑战，实现互利共赢和共同发展。得益于“一带一路”项目，非洲有许多工业园区应运而生，为许多非洲年轻人创造了就业机会；高速公路、工厂、大坝等基础设施建设蓬勃发展，推动非洲大陆经济增长。“一带一路”不仅在经济上帮助了非洲，也在其他方面帮助了非洲。以东非的乌干达为例，“一带一路”不仅促进了中乌经贸合作，还使中国帮助乌干达抗击致命疾病，如具有高风险和高威胁的埃博拉病毒等。

公元前139年，张骞出使西域。此后，中国商人开始沿着这条路线与西部地区的人进行贸易，这条路后来被称为“丝绸之路”。此后，另一条贸易之路——海上丝绸之路也出现了。这两条道路分别通过陆路和海路连接了欧亚大陆。中国在古代通过这条路与其他国家和地区进行贸易和文化交流。“一带一路”倡议是由中国国家主席习近平于2013年提出的，致力于实现政策沟通、设施联通、贸易畅通、资金融通、民心相通。“一带一路”已成为现今中国外交的重要部分，也是中国对外经贸合作的重要内容。从广义上讲，“一带一路”以陆地为基础，从中国到中亚、南亚、中东，再到欧洲；以海路为基础，这条“道路”通过穿越南海、印度洋、红海、苏伊士运河和东地中海，将中国与东南亚、南亚、中东、非洲和欧洲连接起来。“一带一路”倡议不仅适用于亚洲，而且适用于大多数发展中国家和地区，特别是非洲，因为大多数非洲国家面临基础设施不够完善和资金短缺等问题。“一带一路”倡议可以通过合作方式向相关国家和地区提供贷款，促进各领域基础设施建设，促进经济增长，推动社会进步。

“一带一路”倡议在乌干达、卢旺达、坦桑尼亚、布隆迪和肯尼亚等东非国家取得了巨大成功。2014 年 5 月，李克强总理与肯尼亚政府签署了一项合作协议，拟修建一条从蒙巴萨到内罗毕的标准轨距铁路。这条铁路耗资 38.04 亿美元，是肯尼亚独立以来最大的基础设施建设项目。这条铁路现已完工通车，它将从蒙巴萨到内罗毕的旅行时间，从乘公共汽车花费 9 小时或乘以前的铁路花费 12 小时，减少到花费 4.5 小时。2017 年 5 月，肯尼亚总统乌胡鲁·肯雅塔（Uhuru Kenyatta）称这条 480 公里长的铁路是“将开始重建肯尼亚未来 100 年的历史”的新篇章。该项目被视为总统肯雅塔的“伟大遗产”。据肯尼亚铁路公司介绍，这条铁路运营第一年就运送旅客 130 万人次，客座率高达 96.7%，还运输了 60 万吨货物。据中国媒体报道，这条铁路为肯尼亚国内生产总值贡献了 1.5%的增长率，为当地创造了 4.6 万个就业机会，并培训了 1600 名铁路专业人员。在苏丹，中国帮助其建设国内的石油工业，并向棉花产业提供了相关援助。这些举措为苏丹增加了就业机会，促进了经济发展。未来，中国和苏丹的合作计划包括发展铁路、公路、港口、核电站、太阳能农场以及更多用于灌溉和发电的大坝。尼日利亚的阿布贾—卡杜纳铁路由中国土木工程集团承建，于 2016 年 7 月开始商业运营，这是尼日利亚首批标准轨距铁路现代化项目之一。

2015 年，在中非合作论坛约翰内斯堡峰会上，中国政府宣布向非洲 1 万个村落实施收看卫星电视项目。尼日利亚是非洲人口最多的国家，每

1000个选定的村庄将接收两个太阳能投影电视系统和一个太阳能32英寸数字电视综合终端。总共有2万个尼日利亚农村家庭将从该项目中受益。该项目的实施创造了更多的就业机会，因为有1000名尼日利亚人接受了有关如何安装和操作卫星电视系统的培训。

埃及与中国有着非常良好和牢固的关系，所以当中国提出共建"一带一路"倡议时，埃及是第一批签署共建"一带一路"合作文件与谅解备忘录的国家。2011年"阿拉伯之春"抗议活动引发动乱后，中国是少数几个愿意向埃及提供贷款和金融支持的国家之一。此后，一系列中埃合作项目启动，包括苏伊士湾的中国工业园区、用于新资本和投资西撒哈拉的电动火车系统，以及"一带一路"的标志性项目——埃及新行政首都项目等。在2015年至2017年的两年时间里，埃及从中国借款10.3亿美元，用于多个基础设施项目建设。在同一时期，大约有1900名工人从中国来到埃及从事建筑工作。"一带一路"倡议及相关项目加强了埃及和中国之间的友好合作关系。习近平主席和塞西总统多次称赞对方为"一带一路"倡议所做的努力，强调两国有着悠久的文明历史和共同的发展任务。由于埃及的地理位置以及它与中国的密切关系，埃及被中国视为"一带一路"倡议的重要合作伙伴。在埃塞俄比亚与吉布提之间修建的亚的斯亚贝巴—吉布提铁路，是电力标准轨距铁路。它长750多公里，时速120公里，将亚的斯亚贝巴和吉布提之间的旅行时间从3天缩短到12小时左右。2018年1月1日，亚吉铁路正式投入商业运营。亚吉铁路的成功修建也是"一带一路"项目在非洲落地的标志，该铁路将为推动"一带一路"高质量发展作出积极贡献。

1962年10月18日，乌干达与中国建立外交关系。在非洲，乌干达是最早与中国签署"一带一路"谅解备忘录的国家之一。中乌合作不仅推动了"一带一路"倡议在乌干达的实施，也带动了中国民营企业在乌干达不同领域的投资。2013年是中乌友好合作关系快速发展的一年，双方在各领域合作成果丰硕。2013年3月，中国国家主席习近平在南非德班会见了出席金砖国家领导人第五次会晤的穆塞韦尼总统。同年9月16日至17日，时任中国全国人大常委会委员长张德江对乌干达进行正式友好访问。访问期间，他会见了穆塞韦尼总统和姆巴巴齐总理，同国民议会议长卡达加举行了会谈，就深化两国友好合作、加强两国立法机构合作等交换了意见。乌干达与中国的友好关系和乌中双边合作以不同的形式对乌干达产生了积极影响。在文化上，中方为乌方提供了人才培养、文化交流的渠道。2013 年，中国向乌干达提供了 43 个奖学金名额。上海艺术团、辽宁省归国华侨联合会艺术团赴乌干达演出。在经济上，得益于中乌合作，乌干达的经济发展迅速。中国企业承建的卡鲁玛、伊辛巴水电项目正式开工建设。中国海洋石油集团有限公司（CNOOC）从乌干达政府获得了石油勘探和生产许可证。中国水利水电建设集团公司（中国水电）是一家在乌干达运营的中国国有水电工程和建筑公司。在乌干达，该公司参与了水电项目。在 2012 年《工程新闻纪录》全球 225 家承包商年度排名中，中国水电整体排名第 14 位，在中国建筑企业中排名第 6 位。它在全球 55 个国家都开展业务。中国葛洲坝集团建设工程有限公司是中国在乌干达最知名的建筑公司之一，其总部设在中国湖北武汉。根据 2014 年的数据，按收入计算，该公司是全球第 33 大承包商。该公司是中国葛洲坝集团有限公司（CGGC）控股的公司。在乌干达，它参与了太阳能项目的开发。中铁建工集团有限公司（CRCEG）成立于 1953 年，是中国中铁股份有限公司（CREC）的全资子公司，是《财富》杂志评选出的“世界 500 强企业”。在乌干达，它参与了道路和桥梁的建设。中国土木工程集团有限公司前身为铁道部援外办，1979 年，经中华人民共和国国务院批准成立。2003 年，经国有资产监督管理委员会批准，该公司经战略重组并入中国铁道建筑集团有限公司。在乌干达，该公司从事高速公路项目，比如连接布索加（Busoga）和姆皮吉（Mpigi）的高速公路。

乌干达是非洲中部的一个内陆国家，过去它只有通过 800 英里外的肯尼亚的蒙巴萨港口，来处理几乎所有的对外贸易。其结果是，乌干达与世界市场相对隔绝。由于缺乏与外部世界的联系，乌干达经济落后。通过“一带一路”项目，乌干达发生了如下不小的变化。坎帕拉—恩德培机场高速公路项目由乌干达政府和中国进出口银行共同出资。乌干达政府提供了 1.26 亿美元，而中国进出口银行通过与乌干达政府签署的优惠买方信贷协议提供了剩余的3.5亿美元。中方提供的这笔借款将用于修建坎帕拉—恩德培机场高速公路，贷款协议期限为20年，包括7年宽限期。坎帕拉—恩德培机场高速是乌干达有史以来第一条双车道高速公路，连接首都坎帕拉和恩德培的国际机场。该道路可将交通时间由2小时缩短至30分钟，为出行者节省时间。同时，该条公路的建设也给乌干达带来了就业机会。坎帕拉—恩德培机场高速公路由中国交通建设集团有限公司承包，乌干达方为这条公路提供了现场项目管理、测量、实验室测试和岩土测量服务。在2020年，乌干达宣布了一笔由中方提供的1.18亿美元的额外贷款，用于公路建设，这是乌干达过去几年一直希望启动的一个石油生产项目的一部分。穆塞韦尼总统赞扬中国愿意"不附加任何条件"地为项目提供资金。中国驻乌干达大使郑竹强也重申了与乌干达的关系，称中国"坚定支持乌干达探索具有乌干达特色的发展道路"。

此外，目前中国是乌干达最大的外国直接投资来源国，自20世纪90年代以来，乌干达制造业和基础设施投资激增。当前，乌干达是中国对非洲投资第四大目的地，中国是乌干达第三大贸易伙伴。具体来说，中国对乌干达出口额占乌干达进口总额近四分之一。中国正在帮助非洲国家改革其海关部门。世界银行建议将海关改革作为加速乌干达经济增长的一项关键措施。在乌干达，中国投资并承建了卡鲁玛水电站和伊辛巴水电站两个大型水电站项目。中国进出口银行为这两个项目提供了约85%的贷款，乌干达政府提供了其余15%的贷款。卡鲁玛水电站位于乌干达中西部的基里扬东戈地区，是中国投资占比85%的重大项目之一。据2020年建筑承包商中国水电的项目经理邓昌义介绍，该项目完成率约为98%。该电站将成为乌干达最大的发电设施，功率为600兆瓦。经济学家认为，电力供应不足是乌干达经济快速发展的主要瓶颈之一。据悉，卡鲁玛将分阶段发电，从已经完成的涡轮机开始，到最后一个涡轮机。卡鲁玛项目是继2019年投产的183兆瓦的伊辛巴水电站后，中国在乌干达投资的第二个水电项目。像中国水电这样的中国企业，不仅从事水电项目建设，还热心社会公益事业。除了卡鲁玛水电站的建设，中国水电还承担了三个企业社会责任项目的建设，每个项目金额为

150 万美元。这些项目包括建造两个保健中心和一所小学。

公共卫生是乌干达经济发展和中乌合作的重中之重。杰弗里 · 萨克斯（Jeffrey Sachs）等经济学家认为，公共卫生可以是一个经济问题，也可以是一个明显的人道主义问题。因病缺勤的工人对经济产出的贡献较小，失学抑制了人力资本的形成，照顾这两个群体的亲属也可能会错过工作或学习。考虑到大多数经济体每年的增长率只有几个百分点，一年中 1～2 个星期的生产率下降实际上也会产生相应的影响。中国虽然不是促进乌干达公共卫生发展的主要力量，但值得像其他任何帮助乌干达的国家一样受到赞赏。

落实习近平主席提出的“一带一路”倡议，是缔造中非伟大友谊、帮助非洲国家连接国际市场、构建非洲国家美好未来的最有力支持。例如在东非，得益于中非合作，卢旺达、乌干达、坦桑尼亚、埃塞俄比亚和许多其他国家，已实现经济的快速发展。共建“一带一路”为沿线国家打开了可持续经济发展的大门。

“一带一路”与中非关系“五不”原则

〔厄立特里亚〕和诺（Henok Neguse Negash）

个人介绍：

Henok Neguse Negash（中文名：和诺），来自厄立特里亚，于 2021 年 6 月在武汉中南财经政法大学获得了金融学博士学位。他的研究兴趣主要集中在金融和金融市场，并已在该领域发表了数篇论文。2008 年，和诺获厄立特里亚阿斯马拉大学商业和经济学院金融学学士学位；2012 年，他作为中方代表在中南财经政法大学举办的模拟联合国会议上获得了“最佳荣誉奖”；2013 年，在中国政府奖学金的资助下获得了中南财经政法大学金融学硕士学位。曾任阿斯马拉大学商业和经济学院银行和金融系主任，并从事金融学教学十多年之久；现任职于北京力迈国际高中，并担任理科组长和 A-Level 商科及 AP 经济学教师。和诺热衷于探索不同的文化和到不同的地方旅行，已经去过中国 14 个省和 30 多个城市。2020 年，生活在武汉的和诺亲身经历了中国人民阻击新冠疫情的全过程，在疫情期间多次参与志愿者活动。

近几十年来，随着中国对全球化和相互合作采取更加开放的政策，中非关系不断加强。其中具有里程碑意义的是，2013 年习近平提出了规模宏大的共建“一带一路”倡议。这一倡议是独一无二的，而且将中非之间的关系与合作提升到了更新、更高的水平。中国现已取代美国成为非洲最大的贸易伙伴。这清楚地表明中非之间建立在相互尊重、诚信和合作基础上的关系正在迅速发展，在这种关系中，双方的主权平等，双方的利益也被充分尊重和维护，这正是它与非洲许多国家和西方国家形成的“相互”关系所不同的原因。这也是习近平主席加强中国与世界联系的重要举措。

“一带一路”倡议的提出，使得许多非洲国家有信心与中国建立更紧密的政治、外交、经济、文化和社会联系。从经济、贸易、发展、基础设施、社会文化和技术进步各个角度来看，这项倡议对非洲国家来说都是至关重要的。它有助于促进和加强中非之间的传统友好合作关系。

真诚、友好和平等的中非关系是14亿多中国人民和14亿多非洲人民一道追求的未来。中国尊重非洲、热爱非洲、支持非洲。中国在与非洲国家交往中遵循五项基本原则：不干涉非洲国家探索符合国情的发展道路、不干涉非洲内政、不把自己的意志强加于人、不在对非援助中附加任何政治条件、不在对非投资融资中谋取政治私利。中国同样希望其他国家在与非洲国家的交往中遵循这五项基本原则。中国永远是非洲的好朋友、好伙伴和好兄弟。任何人都不能破坏中国人民和非洲人民的大团结。中非之间的关系不仅是透明的，而且不存在任何歧义，这正是大多数非洲发展中国家所希望建立的关系。

如果我们更仔细地研究这五项基本原则就会发现，其清楚地描绘了中国透明开放的合作发展政策。以下是我个人对五项基本原则的理解，及其对非洲国家的意义。

第一，不干涉非洲国家探索符合国情的发展道路。多年以来，非洲国家在追求符合本国经济、社会、政治情况的国家发展道路上遇到了很多困难，而这些困难正是源于西方国家的干预政策，目的是阻碍非洲国家的发展。与之不同的是，中国在习近平主席的带领下采取了符合中国国情的政策。中国尊重非洲国家的主权，尊重非洲国家在经济和社会发展方面的道路选择和政策选择，并在此基础上建立关系，这对双方来说是互利共赢的。

第二，不干涉非洲内政。世界上任何一个主权国家的内政都应完全取决于这个国家自己。然而，对于非洲国家而言，它们的内政往往被西方“友好国家”侵犯，目的是升级各种局势，从而实现它们自己的地缘政治和经济利益。中国的对外政策则恰恰相反。无论非洲国家的经济增长和发展如何，中国都充分尊重这些国家的主权，并且坚守不干预它们内政的底线。这一政策增强了非洲国家在任何情况下都愿意进一步发展和增强同中国关系的信心。

第三，不把自己的意志强加于人。习近平主席多次表明，中国无意将自己的意愿强加给非洲国家，而是希望与非洲方面建立可持续的友好关系。这与前“殖民大国”对待非洲国家的政策和态度完全不同。

第四，不在对非援助中附加任何政治条件。几十年来，非洲国家一直在忍受来自西方国家以“经济与和平”为名的频繁的政治干预。在习近平主席的带领下，中国在协助非洲国家经济发展方面明确表现出了中方真实的合作诚意。多年来，我们见证了中国与非洲在经济、贸易、投资、技术和其他领域的合作，从来没有面临“违者必诛”的压力。不幸的是，许多西方国家的做法却是政治驱动的。发生在中西非国家和其他非洲地区的政治动荡，主要就是这些西方国家施加的压力所导致的。习近平主席明确指出，中国不寻求非洲国家的任何政治利益，相反只寻求建立长期相互友好的关系。这也正是为什么中国能够取代包括美国在内的西方国家成为非洲最大贸易伙伴的原因。

第五，不在对非投资融资中谋取政治私利。非洲是世界上自然资源最丰富的大陆之一。然而历史一再证明，出于利己的政治目的，西方大国只会想尽一切方法占有这些资源。他们的目的就是毁掉非洲相对于其他大洲的天然优势。当西方社会谈论21世纪的“非洲移民”时，他们似乎忘记了，西方的经济增长正是来自对非洲自然资源的掠夺。尽管如此，西方还继续用“债务”来捆绑非洲国家，致使非洲国家如今仍然陷入深深的债务之中，而这也让西方国家能够继续控制非洲的自然资源。

与西方相反，中国在与非洲国家建立平等的外交关系方面发挥了巨大的积极正向作用，这一点可以通过中国与非洲国家的投融资合作项目体现出来，这些项目都有助于推进非洲国家的建设进程。中国的对外投资政策旨在帮助非洲国家实现整体经济增长和发展，而不是使它们陷入任何债务危机。这种政策是双赢的，因为它为中非双方创造了平等的机会。“一带一路”不仅有利于中国自身的发展，还给许多非洲国家带来了益处。

一方面，“一带一路”能使许多非洲国家在不同方面和层面受益。“一带一路”的海洋和陆地项目将许多非洲国家作为主要的参与国。中国和非洲国家之间的贸易额急剧增长。2019 年，中国与非洲国家的贸易额达到 2087.8 亿美元，是 2000 年的 100 倍。2020 年 12 月，中国国家发展和改革委员会主任何立峰先生和非洲联盟委员会主席穆萨·法基·马哈马特先生共同签署了《中华人民共和国政府与非洲联盟关于共同推动“一带一路”建设的合作计划》，这是中国与非洲联盟等区域性国际组织在“一带一路”倡议中的首个合作计划。它将通过开启中非共建高质量“一带一路”的崭新篇章，实现“一带一路”与非盟《2063 年议程》的深度融合。

另一方面，非洲高度尊重中国为加强双方全面融合所做的努力。“一带一路”倡议与非盟《2063 年议程》在方向上保持一致。这两项发展规划的一致性将大大有利于非洲国家实现比以往任何时候都更高水平的经济进步。中非共建“一带一路”为双方人民带来了实实在在的发展红利，也为中非全面战略合作伙伴关系增添了新的内涵。卢旺达总统保罗·卡加梅和许多其他非洲领导人高度赞赏“一带一路”为非洲带来的重要发展机遇。非盟驻华代表拉赫曼塔拉·穆罕默德·奥斯曼表示，“一带一路”倡议和非盟《2063 年议程》有着共同的愿景，符合非洲国家的发展需要，必将发挥积极的作用。据悉，截至 2021 年底，签署“一带一路”合作文件的非洲国家已有 52 个，中非共建“一带一路”的大家庭不断壮大。

基础设施不完善是制约非洲发展的主要瓶颈。可喜的是，中非共建“一带一路”已在互联互通方面取得成效。中国帮助非洲建设了 6000 多公里的铁路和 6000 多公里的公路，近 20 个港口和 80 多个大型电力设施，还包括亚的斯亚贝巴—吉布提铁路、蒙巴萨—内罗毕标准轨距铁路，以及蒙巴萨港在内的一大批“一带一路”旗舰项目。这些基础设施建设项目在非洲工业化和经济转型过程中发挥着重要的作用。中方与非方共同制定《中非基础设施合作规划》，以支持中国企业通过投资—建设—运营的模式参与到非洲的基础设施建设中去。未来，中非双方将重点加强在能源、交通、信息、电信和跨境水资源方面的合作，力争在共建“一带一路”方面取得更多成果。

中国脱贫·“一带一路”·中非合作

〔加纳〕吴娜（Priscilla Owusu-Ansah）

个人介绍：

Priscilla Owusu-Ansah（中文名：吴娜），来自西部非洲的加纳。作为一名非洲来华留学生，她先在中国的电子科技大学攻读工商管理学学士学位，之后又获得该校公共管理硕士学位。在攻读硕士学位期间，她曾担任电子科技大学西非研究中心的助理。

毫无疑问，中国在世界范围内，特别是在许多方面都取得了长足的进步，现已成为世界上最具实力的大国之一。中国在技术、商品、食品、农业、就业保障和旅游业等方面的自立自强都证明了这一点。中国政府为人民提供就业机会、帮助人民实现可持续发展的做法令人惊叹。我认为中国是一个真正伟大的国家，其成功在于坚韧不拔的毅力和持之以恒的努力，这也是大多数发展中国家应该具备的精神。中国在过去 40 多年里取得了令世界瞩目的成就。过去 8 年中，中国有近 1 亿农村贫困人口全部脱贫。在共同奋斗和相互合作的历程中，中国与非洲携手构建中非新型战略合作关系，双方结下了同呼吸、共命运的深厚友谊。

2012 年中国共产党第十八次全国代表大会之后，中国进入了新时代，全面建成小康社会，第一个百年奋斗目标进入关键时期。在这一时期，中国的经济社会快速发展，综合国力显著提升，社会保障体系更加完善，国家治理体系和治理能力现代化进程加快，为脱贫攻坚提供了坚实的人力、物力、财力基础和强有力的制度支撑。然而，当时中国依然面临着巨大的挑战，即帮助最底层人民摆脱贫困。中国的脱贫攻坚战当时已经进入关键期，继续采用传统的脱贫概念和脱贫战术将很难完成这项任务。要实现脱贫攻坚目标，中国需要团结一致、坚定信心、尽锐出战、精准政策，需要付出更加艰苦的努力。

在习近平总书记的领导下，中国共产党和中国政府致力于实现人民对美好生活的向往，致力于实现中华民族伟大复兴的“中国梦”，确保全面建成小康社会取得决定性胜利。扶贫开发工作被纳入“五位一体”总体布局和“四个全面”战略布局中，这是实现第一个百年奋斗目标的重要任务。中国共产党确立了到 2020 年实现农村贫困人口全部脱贫、贫困县全部摘帽、解决区域性整体贫困的目标。为此要团结全党、全国和全社会共同打赢这场脱贫攻坚战。长期以来，习近平总书记一直心系贫困地区和贫困家庭，将扶贫工作列为工作的重点，投入了许多精力，提出了许多重要意见和建议，作出了相关重要决定。2013 年，习近平总书记在湖南省花垣县十八洞村的一次考察中首次提出了“实事求是、因地制宜、分类指导、精准扶贫”的理念。在 2014 年十二届全国人民代表大会第二次全体会议贵州代表团审议会上，他指出，干部要看真贫、扶真贫、真扶贫，使贫困地区群众不断得到实惠。在 2015 年的中央扶贫开发工作大会上，习近平总书记发出了号召：“我们要立下愚公移山志，咬定目标、苦干实干，坚决打赢脱贫攻坚战，确保到 2020 年所有贫困地区和贫困人口一道迈入全面小康社会。”① 在 2017 年中共十九大的报告中，习近平总书记强调，必须动员全党全国全社会的力量，打赢脱贫攻坚战。面对 2020 年突发的新冠疫情，习近平总书记在一次扶贫会议上提出了新的动员措施，强调必须如期实现农村贫困人口脱贫。习近平总书记要求全党在这场“严峻考验”中做好工作，拿出更大的决心和更强的力度，确保取得脱贫攻坚战胜利。习近平总书记亲自部署、组织准备并领导

① 习近平：《习近平谈治国理政》（第二卷），外文出版社，2017，第 83 页。

了这场脱贫攻坚战。

习近平总书记曾出席中央扶贫开发工作大会，主持了扶贫研讨会，遇有国家扶贫日，他都会出席相关重要活动或作出重要指示，他曾连续七年将新年主题放在脱贫攻坚上。他会在两会期间会见代表，讨论脱贫攻坚战略，并致信鼓励基层部门和社区积极参与脱贫工作。习近平总书记还走访了全国14个贫困地区和20多个贫困村庄，坐在贫困家庭的家中，倾听他们的想法和需求，了解他们的困难，帮助他们树立信心，鼓励他们依靠自己的努力摆脱贫困。2021年2月25日，习近平总书记在全国脱贫攻坚总结表彰大会上宣布，中国的脱贫攻坚战取得了全面胜利，完成了消除绝对贫困的艰巨任务，创造了又一个彪炳史册的人间奇迹。

自2012年底以来，中国的经济环境发生了巨大转变，经济实力、经济规模都发生了前所未有的变化。2012年，中国经济总量约为53.9万亿元人民币，占世界经济比重为11.3%。2021年，中国经济总量为114.4万亿元人民币，占世界经济比重超过18%。中国经济的“奇迹”绝非偶然，其展示了在习近平主席的领导下中国社会主义经济的活力。

改革开放后，中国经济快速发展，出现了财富不均和环境污染等问题，需要采取更科学的策略来应对。2015年，习近平总书记提出了创新、协调、绿色、开放、共享的新发展理念，为中国经济发展确立了指导方针，成为习近平新时代中国特色社会主义经济思想的基石。两年后，习近平总书记在中共十九大上作出了一个重大判断，即中国经济正在从快速扩张阶段进入高质量发展阶段。此后，中国政府将高质量发展视为制定经济政策和实施宏观调控的基本需要。

2017年12月，习近平总书记在中央经济工作会议上首次提出基于新发展理念，即创新、协调、绿色、开放、共享发展理念之上的习近平新时代中国特色社会主义经济思想。习近平新时代中国特色社会主义经济思想代表中国领导层不断深化对经济和社会发展规律的认识，这一思想为中国经济改革和发展实践提供了指导。其中，为贯彻坚持以人为本的发展理念，中国政府在教育、医疗和社会保障等公众关注的焦点领域推进改革。

2022年，全国居民人均可支配收入达到3.69万元人民币，相当于2010年的近三倍，中国拥有世界上最大的社会保障体系和世界上最大的中等收入群体。关于政府与市场的关系，习近平经济思想强调，需要确保市场在资源配置中起决定性作用，更好发挥政府的作用，并有力地消除阻碍经济进步的体制性障碍。在过去十年中，中国政府简政放权、放管结合、优化服务。市场壁垒进一步降低，市场主体活力增强，市场竞争更加公平。此外，习近平经济思想也让中国变得更加开放。2013年，上海启动了第一个自由贸易试验区。截至2020年4月，中国自由贸易试验区的总数为21个，其中包括海南岛。遵循创新、协调、绿色、开放和共享的新发展理念，中国对外国投资的负面清单进一步缩减。根据习近平经济思想，中国的发展战略也注重和谐与协调，强调跨地区的协调增长、资源优化，缩小经济差距以及人与自然的和谐共处。中国政府还鼓励支持新型城镇化并取得成效，2012年，中国的常住人口城镇化率是52.57%，但到2021已经增长到64.72%。

"一带一路"倡议提出以来，中国根据有关国家发展需要，积极助力国际合作，在深化政策沟通、加快设施联通、推动贸易畅通、促进资金融通、增进民心相通上发挥作用，为"一带一路"沿线国家和地区创造机遇，高质量推动共建"一带一路"。政策沟通是"一带一路"沿线国家和地区加强政治互信、开展务实合作、夯实共同利益的基础。本着求同存异、聚同化异的理念，中国通过举办官员研修班、派遣专家顾问等方式，促进与相关国家的双向交流与合作，推动共建"一带一路"高质量发展。同时，中国还为共建"一带一路"对接各国发展战略搭建平台。围绕基础设施互联互通合作、国际产能和装备制造标准化、贸易便利化、技术标准化等与共建"一带一路"相关的主题，中方为相关国家举办了4000余期官员研修班。研修班项目为各国政策沟通搭建了交流平台，参训人员就"一带一路"倡议更好对接非盟《2063年议程》、《东盟互联互通总体规划2025》、欧盟欧亚互联互通战略等区域发展规划，以及巴基斯坦"新巴基斯坦"、老挝"变陆锁国为陆联国"、菲律宾"大建特建"等有关国家发展战略开展交流，共谋合作。

中国派遣专家顾问赴相关国家开展技术咨询服务，通过深化对相关国国情和政策法律制度的了解，提出切实可行的发展方案，为开展有效合作奠定基础。中白工业园是中国在海外开发的经贸合作区，被誉为“丝绸之路经济带上的明珠”。中国为白俄罗斯实施工业园政策保障技术援助项目，同白俄罗斯分享中国开发区发展模式和经验，并组织白俄罗斯人员赴天津经济技术开发区、苏州工业园区进行考察。在实地考察和深入交流的基础上，两国专家共同制定了中白工业园运营管理机制，以及招商引资、产业发展等政策，为推进工业园长远发展夯实了政策基础。

基础设施的互联互通是共建“一带一路”的关键。中国大力支持“一带一路”沿线国家和地区建设公路、铁路、港口、桥梁、电信光缆网络等骨干通道，形成“六廊六路多国多港”的互联互通大格局。中国鼓励“一带一路”项目合作伙伴参与旨在复兴古丝绸之路的基础设施互联互通。中国参与了巴基斯坦白沙瓦—卡拉奇高速公路和喀喇昆仑公路的改造和建设，以支持中巴经济走廊，促进两国陆上贸易。中国正在帮助孟加拉国、缅甸、老挝和柬埔寨建设公路、桥梁和隧道等基础设施，支持中国—中南半岛经济走廊和孟中印缅经济走廊，促进东南亚和南亚互联互通和融合发展。中国还援建了吉尔吉斯斯坦南北高速公路部分路段和塔吉克斯坦—中国—中亚—西亚经济走廊道路修建项目，改善了当地交通条件。在新冠疫情期间，中欧铁路快线连接起欧亚20多个国家，100多座城市，为稳定国际产业链和供应链作出了重大贡献。中国支持海上丝绸之路沿线建设通畅、高效的运输大通道，帮助重要港口成为重要枢纽。中国支持毛里塔尼亚友谊港扩建项目，显著提高了该港口的吞吐能力，缓解了货船积压滞港现象，使其成为21世纪海上丝绸之路重要的贸易物流节点。为满足日益增长的航空运输需求，中国帮助巴基斯坦、尼泊尔、马尔代夫、柬埔寨、赞比亚、津巴布韦、多哥等国实施机场升级扩建项目，提高了这些机场的运营能力和安全性，增加了客运和货运吞吐量，带动了当地旅游业发展，为跨境人员流动和贸易往来带来更多便利，为共建“一带一路”创造了更多机遇。

贸易是经济增长的重要引擎。中国通过促贸援助，帮助相关国家改善贸易条件、提升贸易发展能力，为共建“一带一路”、实现贸易畅通夯实基础。中国积极协助“一带一路”伙伴改善贸易基础设施，实现贸易程序现代化，以提升发展中国家在全球供应链中的竞争力。中国向格鲁吉亚、亚美尼亚、坦桑尼亚、肯尼亚、菲律宾等20多个国家援助了集装箱检查设备，加快货物通关速度和效率，更好地打击走私犯罪。中国支持的孟加拉国油轮和散货船项目，为孟加拉国航运公司建造了3艘油轮和3艘散货船，增强了该国的综合运输能力。中国帮助老挝建立农村电子商务体系，帮助缅甸、柬埔寨等国建设农产品检测、动植物检验检疫和粮食仓储体系，以提高这些国家的商品出口竞争力。2013年至2018年，中国为相关国家举办了300多期与贸易相关的专题研修项目，包括贸易便利化、国际物流运输与多式联运服务、电子商务、出入境卫生检疫、出入境动植物检验检疫、进出口食品安全等，以推动相关国家贸易政策对接协调，畅通自由贸易网络。中国还在世界贸易组织、世界海关组织设立基金，开展贸易能力建设，支持发展中经济体特别是最不发达国家更好地融入多边贸易体制。

首先，中国积极协助“一带一路”沿线国家和地区完善金融体系、发展金融合作平台，为资金融通提供保障。2015年，中国帮助老挝建立国家银行卡支付系统，为维护老挝金融稳定、促进周边国家资金融通发挥了积极作用。其次，中国与国际货币基金组织建立联合能力建设中心，为共建“一带一路”国家完善宏观经济金融框架提供智力支持。再次，中国成立“一带一路”财经发展研究中心，为加强资金融通领域能力建设搭建了重要的智库平台。最后，中国还搭建多边融资合作平台。中国同世界银行、亚洲基础设施投资银行、亚洲开发银行、拉美开发银行、欧洲复兴开发银行、欧洲投资银行、美洲开发银行、国际农业发展基金等共同成立多边开发融资合作中心（MCDF），通过信息分享、支持项目前期准备和能力建设，推动国际金融机构及相关发展伙伴基础设施互联互通，为“一带一路”建设提供更多资金。

国之交在于民相亲，民相亲在于心相通。中国通过实施民生援助，加大人文交流、文化合作，使相关国家之间形成相互欣赏、相互理解、相互尊重的人文格局，筑牢共建"一带一路"的社会和人文基础。中国在"一带一路"沿线国家和地区发起了一系列以人为本的倡议，实施解决住房、供水、医疗、教育、农村道路和弱势群体等问题的民生项目，帮助补齐基础设施和基本公共服务短板。中国已经帮助科特迪瓦、喀麦隆、埃塞俄比亚、吉布提等国建设供水系统，解决民众饮水安全的问题。中国为斯里兰卡、塞内加尔、几内亚、尼日尔、莫桑比克、刚果（金）、南苏丹、牙买加、苏里南、多米尼克等国援建的医院，提升了当地医疗服务水平，使民众看病更加便捷。中国还帮助白俄罗斯建设社会保障住房，改善弱势群体居住和生活条件。2016 年至 2019 年，中国还为斯里兰卡、巴基斯坦和乌兹别克斯坦等国提供了近 2000 次免费的白内障手术。中国邀请斯里兰卡、巴基斯坦、哈萨克斯坦等共建"一带一路"国家的代表赴华交流，增进他们对中国国情和文化的认知和了解。中国还向老挝、文莱等国派出青年志愿者，加强彼此之间的人文联系，促进文化交流和相互学习。中国与 17 个共建"一带一路"国家开展了 33 个文物援助项目，包括柬埔寨吴哥窟、缅甸蒲甘地区震后受损佛塔、乌兹别克斯坦花剌子模州希瓦古城等文化遗产的保护修复、哈萨克斯坦伊赛克拉特古城拉哈特遗址和孟加拉国毗河罗普尔遗址联合考古等。

中国在非洲 20 多个国家实施"万村通"项目，为 1 万个村庄接入卫星数字电视信号，为非洲民众打开了解世界的新窗口。中国为塞舌尔、科摩罗、坦桑尼亚、毛里求斯援助实施广电中心合作项目，提高广播电视传播能力。这些项目正成为当地文化传播的重要载体。中国与加纳的友好外交关系可以追溯到 1960 年，当时两国首次建立外交关系。此后，加纳向中国提供了外交支持，中国也为加纳的发展提供了物质援助。恩克鲁玛总统在 20 世纪 60 年代支持中华人民共和国重返联合国，他平日还喜欢穿着中国的中山装。中国在 20 世纪 90 年代初帮助建立了加纳国家剧院。2001 年库福尔当选加纳总统后，中国向加纳提供了 240 万美元的赠款，用于修复剧院。21 世纪初以来，中国对加纳的贸易和投资额大幅增长。根据加纳投资促进中心的数据，2014 年中国注册的资金猛增至 16 亿美元，远高于 2000 年的 440 万美元。尽管加纳的制造业在 2014 年重新成为中国对加投资的主要部门，但一般经贸部门仍然享受持续稳定的中国投资，尤其是 2004 年以来，中国对加纳的经贸部门产生了更大的影响。到 2015 年，加纳的建筑建设业已成为中国投资的主要领域，其次是制造业和一般贸易。2006 年以来，加纳的服务业一直是中国投资的重要领域。中非发展基金在阿克拉开设了在非洲的第四个办事机构，这表明中国重视与加纳的经济关系。该发展基金在加纳的办事处于 2011 年 11 月开设，重点关注西非地区的发展。中国现在是加纳的第二大出口国。中国在加纳的直接投资主要集中在制造业、建筑业、旅游业、贸易和服务业，2008 年总投资额为 7580 万美元。中国公民和国有企业在加纳投资设立了 283 家企业，其中 97 家投资制造业、59 家投资商业、48 家投资旅游业、44 家投资服务业、15 家投资建筑业。2014 年，中国在加纳的注册资金就达到了 16 亿美元。2000 年至 2007 年，中国在加纳的外国直接投资总额为 1.99 亿美元，2008 年至 2015 年的累计投资为 22 亿美元。除了宏观贸易和投资外，中国移民到加纳创业的人数也有所增加。他们不属于中国国有企业，而是为大型中国企业工作后留在加纳，或者是从中国来到加纳进行贸易投资。中国商人带来的资本对加纳的贸易商和交易场所产生了重大影响，向加纳的消费者提供了价廉物美的商品。

借中非合作论坛第八届部长级会议成功举办的东风，2021 年 12 月 13 日，中非盟共建“一带一路”合作工作协调机制举行首次会议，双方签署了共建“一带一路”合作工作协调机制的谅解备忘录。这是继中非盟签署共同推进“一带一路”建设合作规划以来双方合作走深走实的重要一步，标志着中非盟共建“一带一路”步入机制化新轨道，进入了实施落地的新阶段。从顶层设计到务实合作，从理念对接到机制建立，中非“一带一路”合作正以广泛协商、协作参与、优势共享为背景，一步一个脚印地展开。

非洲是共建“一带一路”的重要方向。截至 2021 年底中国已经同 52 个非洲国家和非盟委员会签署了共建“一带一路”合作文件。非盟是非洲地区代表性最广泛、国际影响力最强的政府间组织，是非洲联合自强的旗帜。非盟坚持多边主义，积极促进非洲和平与发展，推进一体化进程，协调非洲国家抗击新冠疫情，在地区和国际事务中展现出重要影响力。中非盟共建“一带一路”合作规划是中国和区域性国际组织签署的第一个共建“一带一路”规划类合作文件，围绕政策沟通、设施联通、贸易畅通、资金融通、民心相通领域，明确了双方合作内容和合作重点。中国和非盟之间协调机制的建立无疑将促进“一带一路”倡议与非盟《2063 年议程》的对接，为中非共建“一带一路”高质量发展增添新动力。

习近平主席在北京出席“一带一路”建设座谈会时发表重要讲话，强调完整、准确、全面贯彻新发展理念，以高标准、可持续、惠民生为目标，巩固互联互通合作基础，拓展国际合作新空间，扎牢风险防控网络，努力实现更高合作水平、更高投入效益、更高供给质量、更高发展韧性，推动共建“一带一路”高质量发展不断取得新成效。习近平主席在中非合作论坛第八届部长级会议开幕式发表主旨演讲表示，当前几乎所有论坛非方成员都加入了共建“一带一路”合作大家庭，为中非全面战略合作伙伴关系注入了强劲动力。中国将同非洲国家密切配合，共同实施包括卫生健康、减贫惠农、贸易促进、投资驱动、数字创新、绿色发展、能力建设、人文交流、和平安全在内的“九项工程”。中非盟建立共建“一带一路”工作协调机制恰逢其时，正是落实推进“一带一路”总体规划和对非合作工程的重要举措，能够促进中非盟“一带一路”合作制度化、规范化，还使双方执行部门和资源有效对接，构建交流、沟通、磋商的渠道和机制，更将推进中非各领域务实合作行稳致远，助力中非全面战略合作伙伴关系提质升级。

2021 年 9 月，习近平主席在第七十六届联合国大会发表重要讲话，提出了全球发展倡议，重申“发展”这一总开关，坚持发展优先、以人民为中心、普惠包容、创新驱动、人与自然和谐共生的行动导向，这与联合国 2030 年可持续发展议程、非盟《2063 年议程》的要义高度契合，三者形成了强大合力，得到了包含非洲国家在内的国际社会广泛响应，为中非深入推进“一带一路”合作指明了前进方向。中非盟建立“一带一路”合作工作协调机制，也正是在非洲落实全球发展倡议的重要举措，为中非合作共赢、共同发展注入新动力，助力非洲分享中国发展机遇，更好更快地推动中非“一带一路”合作结出硕果。

共建“一带一路”追求的是发展，崇尚的是共赢，传递的是希望。“一带一路”倡议提出以来，得到了广大非洲国家的积极支持和踊跃参与，中非一大批“一带一路”重点合作项目正在运作，具有实实在在的优势。近年来，“一带一路”合作推动几项交通基础设施项目的建设，其中亚的斯亚贝巴—吉布提铁路、肯尼亚蒙巴萨—内罗毕铁路、刚果（布）国家1号公路、塞内加尔捷斯—图巴高速公路、加蓬让蒂尔港—翁布埃沿海路及博韦大桥、尼日利亚铁路现代化一期二期项目相继完工通车，吉布提多哈雷多功能港、多哥洛美集装箱码头等项目有效提升了当地转口贸易能力，这些项目为地区互联互通和一体化进程发挥了重要作用。即使在新冠疫情形势下，中国仍连续第12年蝉联非洲最大贸易伙伴国，对非直接投资保持平稳发展，1100多个合作项目保持运行，为非洲经济复苏作出了贡献。此外，中非在数字经济、航空航天、清洁能源、新基建等新兴领域的合作也在不断拓展扩大。

中国脱贫经验与“一带一路”项目大力推动了非洲减贫与发展进程。中非之间务实合作为非洲国家减少贫困、提升工业化水平、促进经济发展作出了显著贡献。中非合作不仅改善了非洲民众经济生活水平，还将助力更多非洲青年实现梦想。

关于肯尼亚与中国的合作和“一带一路”

〔肯尼亚〕李花（Lilian Wanjiru Njaramba）

个人介绍：

Lilian Wanjiru Njaramba（中文名：李花）来自肯尼亚。2020年获得电子科技大学工商管理学士学位。2022年在电子科技大学任教。李花在学校学习期间曾获得多项学术和课外奖项，还担任过公共管理学院国际学生会主席、学院行政助理（2020~2022）等。她还曾担任《中国与非洲》杂志的客座撰稿人，并作为中国非洲研究院在北京举办的“首届非洲留学生论坛”非洲留学生汇报人向大会宣读《非洲留学生倡议书》（征求意见稿）。她的研究兴趣包括组织行为、战略管理和发展研究等。

中国是一个亚洲国家。作为一名在异乡的留学生，我从在中国的经历中感受到了中国与肯尼亚的巨大差异。在中国留学的经历改变了我的生活，我从中学到很多，对我个人的成长产生了积极的影响。我不会忘记中国人民的热情好客，他们极大地帮助我适应了异国生活。生活在中国既让我看到了不同的生活方式，也为我提供了一个学习的平台。总体上，中国的教育在本国乃至全球都培育了许多年轻有为之士。过去的几十年里，中国发生了巨大的变化，现在已经成为世界上第二大经济体。中国取得的成就是中国人民共同追求，也是中国人民共同努力的结果。以下是我对中国与肯尼亚关系的看法和想法。

2015 年 12 月 3 日，国家主席习近平在约翰内斯堡会见了肯尼亚总统乌胡鲁·肯雅塔。习近平主席指出，平等互信、优势互补、互利共赢的中肯全面合作伙伴关系正在逐步形成。中方愿与肯方官员合作，加强各领域友好合作，将中肯关系推向新高度。双方应努力加强政治互信，继续开展高层互动，加大互利协作，切实落实铁路、经济特区等重要合作项目。双方应加强人文交流，推动中非联合研究中心、中国文化中心等建设，并在环境和动物保护方面开展合作。在气候变化等重大国际和地区问题上，双方应加强国际交往，加强沟通与协调。中方鼓励肯尼亚在维护地区和平与稳定方面发挥更加积极的作用。

乌胡鲁·肯雅塔表示，肯中合作已达到一个新的水平，两国务实合作已取得重大成果。肯尼亚已经准备好与中国更好地合作，调整发展目标，深入建设铁路和其他基础设施项目，促进非洲国家之间的经济发展，加强商业与人才交流，以实现非洲和中国之间的互利共赢。

乌胡鲁·肯雅塔表示，“一带一路”倡议为我们非洲大陆提供了一次飞跃的机会。自殖民时代结束以来，非洲一直于困境中挣扎。如果我们的人民拥有发展基础设施走廊所需的技能、资产和资金，那么国与国之间的联通性会得到改善，贸易会得到支持，交易成本也会降低。我们将迎来一个双赢的局面。如果我们建设的经济走廊能加速工业化和本土私营部门技能的发展，所有人都将从中受益。

2004 年至 2018 年，肯尼亚的国内生产总值年平均增长率为 5.45%，是撒哈拉以南非洲地区增速最快的经济体之一。尽管肯尼亚的经济稳步增长，人类发展指数（HDI）也有明显的进步，但肯尼亚仍面临许多发展问题。2017 年的人力资本指数（HCI）给了我们重要的发现：如今在肯尼亚出生的孩子，仅有 52%接受了完整的教育。近 40%的肯尼亚人是穷人，其中 14.5%生活在极端贫困中。2017 年，该国的失业率为 11.5%，高于 1991 年至 2017 年的 10.8%的平均水平。自然灾害也是肯尼亚人民面临的一大威胁。2017 年，干旱影响了 23 个郡，肯尼亚政府因严重干旱宣布为国家进入紧急状态。据悉，560万肯尼亚人需要人道主义援助，340万人面临粮食危机。

肯尼亚2017年的人类发展指数值为0.590，在188个国家中排名146。联合国开发计划署发布的《2020年人类发展报告》中，肯尼亚的“2019年人类发展指数”在世界范围内排第143名，属于“人类发展水平中等”级别。

肯尼亚政府正在推行其《2030年远景规划》，以响应提升人类发展指数的要求，创造人力资本并加快提高人力资本成果的转化。该规划的目标是将肯尼亚转变为一个新兴的工业化国家，“到2030年，肯尼亚将成为中等收入国家，为所有居民提供高质量的生活保障”。该战略确定了四大发展重点：制造业、全民医疗、保障住房和粮食安全。该规划通过扩大基础设施、支持可持续发展和加速消除贫困，来促进国家经济的发展。肯尼亚政府认为加强基础设施建设是实现其长期发展目标的一个重要方法。肯尼亚的工业转型计划旨在扩大该国的制造业基础和出口，而关键就在于扩展其交通、通信、能源和水资源基础设施能力。因此，肯尼亚需要大规模的融资和执行能力，而这些可以通过参与“一带一路”国际合作来获得。

根据标准轨距铁路（SGR）项目的评估，“与中国的关系能否维持增长很难说，这也将是未来多年内肯尼亚政治的主题之一”。在实现可持续发展目标方面，“一带一路”、“可持续发展目标”和肯尼亚“2030年愿景”之间的关系是什么？可以从三个角度进行分析。

首先，“一带一路”提供了一个既定的、功能性的框架来推动融资、组织和项目的发展。这也为肯尼亚实现其国家经济计划、达到可持续发展目标与提升人类发展指数提供了可能。

其次，全球和区域政府间组织的高级官员认为，以《推动共建丝绸之路经济带和21世纪海上丝绸之路的愿景与行动》为代表的“一带一路”的发展方法和目标与联合国17个“可持续发展目标”是一致的。第二届“一带一路”国际合作高峰论坛的可交付成果清单反映了这一点。可见，“一带一路”的工作方案与“可持续发展目标”接轨。

最后，2016年9月，肯尼亚正式引入并开始实施“可持续发展目标”

这一概念。“可持续发展目标”和非盟《2063年议程》已被纳入第三个中期计划（2018~2022年）的起草工作中，为肯尼亚参与“一带一路”国际合作提供了政策框架。下面将从贸易、投资和医疗的角度来探讨肯尼亚实施“可持续发展目标”时可能面临的一些挑战。

中国在2015年成为肯尼亚最大贸易伙伴，肯尼亚也是中国在非洲的第六大贸易伙伴。肯尼亚在与中国的贸易中处于不利地位，进出口规模存在严重失衡。肯尼亚出口商品具有低数量、低价值和低附加值的特点，同时还严重依赖钛出口。2017年，肯尼亚对中国的出口额占肯出口总额的1.7%，而从中国的进口额占到肯进口总额的22.6%。

其中，原料制成品、机械和运输设备，以及杂项制品占中国对肯尼亚主要出口的90%以上。而肯尼亚对中国的出口，则是低价值的农产品和自然资源。虽然进口设备和材料是用来建设中肯合作旗舰项目第一阶段的，但蒙巴萨—内罗毕之间造价约38亿美元的标准轨距铁路短时间内增加了肯尼亚从中国的进口，正在进行的铁路网络开发也可能延长了这种影响。然而，就算把标准轨距铁路项目剔除，肯尼亚的基本经济结构问题仍然存在，虽然中国产品的销售周期相对较短，但肯尼亚民众仍然担心来自中国的进口增长会对当地制造商产生不利影响。不过，一项关于农业项目（如鳄梨和花卉）出口的新协议，为肯尼亚进一步向中国出口和创收带来了希望。未来，肯尼亚可能更多地向中国出口石油产品和钛合金制品这样的高附加值产品。2017年前9个月，肯尼亚的钛合金出口额为9381万美元。肯尼亚对中国的钛金属加工出口对提升肯出口额非常重要。

同时，中国和肯尼亚之间日益增长的商业联系正在对肯尼亚的本地银行产生影响。一方面是积极的影响。肯尼亚银行报告说中国客户的数量持续增加，与中国公司的商业业务也在增加——一些肯尼亚银行现在为中国公司签发履约保证金和担保，有专门的柜台配备讲中文的人员，开辟了新的商业机会，开发了新的贸易融资产品。另一方面，肯尼亚银行也面临着巨大的挑战。人们担心，尽管他们努力适应以利用这些新的机会，但当地银行不但没有从中国商业业务的增长中获得预期的收益，而且还有可能被新进入肯尼亚银行业的中国人和中国银行排挤。

不过，大部分的争论还是围绕着贸易逆差，围绕着两国政府如何合作解决潜在的结构性不平等问题，以降低逆差。对中国来说，这意味着承认肯尼亚政府的关切，并建立新的协议，为肯尼亚的农产品（例如牛油果）提供优惠的市场准入政策。有肯尼亚人表示，肯尼亚政府可以采取措施来解决不平衡的问题。也有人认为，肯尼亚应该采取更为保护主义的立场。内罗毕大学的伊拉基（Iraki）博士认为，通过更严厉的监管关税办法，肯尼亚可以提高效率，削减劳动力成本。同时，肯尼亚应想办法通过提高商品质量来刺激本地需求。

就肯尼亚政府的谈判立场而言，该国已拒绝签署《2018 年中国-东非共同体自由贸易协定》。根据肯尼亚贸易部副部长克里斯·基普托（Chris Kiptoo）的说法，在目前原材料、中间产品和成品分别占肯尼亚进口的 0%、10%和 25%的共享对外关税体系下，中国已经占到肯尼亚进口成本的 25%。这表明，如果肯尼亚加入自由贸易协定，中国无疑将获得肯尼亚市场的更大份额。

基普托表示，肯尼亚政府正在寻求一个优惠而非互惠的贸易协定，给予肯尼亚出口商对中国的免税准入。该制度可以仿照《非洲增长与机遇法案》（AGOA），该法案为服装和纺织品等非洲商品提供进入美国市场的免税准入。非互惠这一点对中国政府来说是个棘手的问题，因为它既与中国的总体增长思想相矛盾，又与东非共同体的自由贸易协议相矛盾。同时，非互惠条款对肯尼亚政府来说又至关重要，因为这既能保护其经济，又无须担心廉价进口商品的涌入会打压其生产商的实力，加剧贸易不平衡。

无疑，中国正在成为肯尼亚主要的投资者和资助者。据中国驻肯尼亚大使吴鹏介绍，2018 年，中国在肯尼亚的非金融类直接投资比前一年增长了两倍，达到近 5.2 亿美元。这些外国直接投资一般用于建筑业、工业工程、创意产业、运输设备、食品和饮料、烟酒、信息，以及通信技术、电子产品、金融服务和消费品。其中，建筑业的投资水平最高，项目最多。

与之相对应的是，肯尼亚对基础设施的需求巨大。从以下例子均可看出：首先是备受瞩目的造价约 38 亿美元的蒙巴萨—内罗毕标准轨距铁路项目。时任中国驻肯尼亚大使吴鹏在 2019 年 4 月将其称为“一带一路”的模范项目之一。蒙内铁路大大缩短了乘客的交通时间，并缓解了负担过重的公路系统。但问题和争议仍存在其中，包括建设成本较预期增加，选择柴油驱动发动机带来的环境影响和运营成本较高的问题，等等。

该项目分为两个阶段：蒙巴萨—内罗毕和内罗毕—马拉巴。472 公里的蒙巴萨—内罗毕段已经完成并开通。内罗毕—马拉巴阶段分为三个部分：第 2A 期从内罗毕到奈瓦沙全长约 120 公里，第 2B 期从奈瓦沙到基苏木全长约 270 公里，第 2C 期是从基苏木延伸到马拉巴全长约 107 公里。该项目对肯尼亚政府的经济、发展和清洁能源战略至关重要，也是将肯尼亚定位为区域运输和经济中心，并融入“一带一路”的重要项目。中国进出口银行为该项目提供了所需资金 90%的贷款，项目完成后由一家中国公司管理和维护。中国同意在 2014 年通过中国进出口银行向肯尼亚贷款 32. 33 亿美元，用于建设这条铁路。该贷款包括 16. 33 亿美元的商业贷款和 16 亿美元的优惠贷款，有 5 年的还款宽限期。

第一阶段完成后，中国政府宣布了这一合作给肯尼亚带来的好处，包括对肯尼亚 GDP 预计带来 1. 5%的增长，创造 46000 个就业机会，以及通过对肯尼亚公司的广泛分包、技术转让和新的铁路工程学院的指导，创造了新的学习和培训机会，为当地经济产生乘数效应。这是肯尼亚政府的一个展示性项目，它被视为一个成功的象征性合作范例，也是两国在实现肯尼亚目标方面的一个进步。2022 年，蒙内铁路完成的货运量超 620 万吨、客运量超 240 万人次，一直保持着良好的发展势头和安全运营记录。

“一带一路”倡议还提出了有关医疗保障的基本问题，即“一带一路”在实践中如何同步和遵守当前的国际职业健康与环境法规。2017 年 8 月，中国政府主办了“‘一带一路’卫生合作暨‘健康丝绸之路’高级别研讨会”。这次峰会上发布的《“一带一路”卫生合作暨“健康丝绸之路”北京公报》，强调签署方共同致力于维护公共卫生和增加“一带一路”国家之间的人员往来。具体承诺包括建立新的合作中心（“一带一路”卫生政策研究网、“一带一路”医院联盟和“一带一路”健康产业可持续发展联盟），旨在为实现监测、预防和控制以及应对重大传染病的可持续发展目标而开展合作。

中国承诺继续向“一带一路”沿线国家派遣援外医疗队，并通过“一带一路·光明行”“一带一路·微笑行”等医疗援助项目开展适当的合作。更重要的是，为了实现可持续发展目标并提高人类发展指数，中国将在“一带一路”相关国家实施妇幼和生殖健康项目，推广儿科、产科和新生儿科的适当技术。

为了支持肯尼亚政府的四大议程目标，尤其是其中提供全民医疗保健的目标，中国政府根据与肯尼亚政府签订的卫生协议，为肯尼亚医疗基础设施建设、设备提供、医务人员培训和商业药品合作等方面开展实际合作提供了便利。中国在 2016 年向肯尼亚卫生部提供了四个全科模块化箱房诊所，以帮助应对被忽视的贫困社区的致命疾病。2018 年，中国政府向 37 家位于肯尼亚主要公路沿线的医院提供并安装了电子计算机断层扫描仪（CT），以提高道路事故受害者的紧急诊断率和生存率。癌症也可以通过这些扫描器检测出来。该项目包括一家中国公司和一家肯尼亚政府签约的肯尼亚医疗公司之间的合作，也同时涉及在中国接受培训的 37 名肯尼亚放射技师和放射科医生与中国医生之间的信息和技术交流。

中国对非洲的贡献有目共睹。在 2007 年，非洲实现有史以来最高的 5.8%的经济增长率，部分要归功于中国的投资。中国免除了非洲国家 100 亿美元的债务，派遣中国医生为非洲人治病，并在其机构和培训中接纳了成千上万的非洲雇员和学生。此外，中国建设的高速公路、桥梁和水坝为完善非洲大陆的基础设施作出了巨大贡献。

作为全球经济中的重要力量，中国为发展中国家提供了全新的发展模式和可能性。中国快速的经济增长和巨额投资，特别是中国与非洲国家的双边经济和商业联系，以及中非在国际事务中日益密切的磋商和合作，对非洲产生了长期的社会和经济影响。“一带一路”合作国能够而且已经在提供如交通等的基础设施。新的工业园区正在兴建之中，有些园区提供了特殊的知识、技能、科技转让和就业机会。此外，中非之间在职业培训、科技研究、研究生合作，以及环境和医疗合作方面也建立了伙伴关系。多年来，中国已成为一些非洲国家的主要财政支持来源，尤其是在资源丰富的国家或是对中国具有地缘战略意义的国家的基础设施项目，中国都不遗余力地给予支持。“海上丝绸之路”是“一带一路”的一部分，它正在迅速发展，并加深中非之间的联系。

肯尼亚的经验表明，参与“一带一路”的国家也可能出现矛盾。从某种意义上说，肯尼亚政府可以明确表达其国家和地区的发展愿景，但它缺乏实现其目标的关键资金和实施能力。肯尼亚的经验也凸显了中非合作过程中所面临的贷款支付、项目管理和劳工标准方面的复杂情况和困难。

“一带一路”倡议仍在探索之中。从第二届“一带一路”国际合作高峰论坛的成果清单来看，它仍在全球舞台上寻找自己的位置，并旨在通过“一带一路”国际合作高峰论坛等会议回应关切和挑战。对中国来说，政策方面的经验是：“一带一路”进程必须系统地解决合作伙伴的偿债能力问题，并确保“一带一路”的新债务在可持续性框架中有效和公平地运作；遵循绿色丝绸之路的原则和目标，并与联合国“可持续发展目标”13、14和15同步，以缓解气候变化，保护陆地和水下生命；透明、坦诚和公开招标和签约过程。

在政治、安全和经济方面，中国仍将是非洲国家的重要合作伙伴。“海上丝绸之路”提供了一个扩大中非合作的机会。中非领导人应该进一步加强中非友好合作。中国和非洲国家必须共同努力，利用“海上丝绸之路”的机会加强各个领域的双边合作。“海上丝绸之路”的推进不仅有利于中国和非洲，也有利于整个国际社会的发展。

非洲对"一带一路"的态度：以肯尼亚为例

〔布隆迪〕卡斯（Kaze Armel）

个人介绍：

Kaze Armel（中文名：卡斯）来自布隆迪，2008年至2014年获得中国政府全额奖学金。2012年本科毕业于中国人民大学经济学院，经济学专业，2014年硕士毕业于中国人民大学经济学院，国际商务专业，获得经济学硕士学位，并获优秀留学生研究生奖。2015年卡斯获得孔子学院全额奖学金，2019年获得厦门大学国际关系学院法学博士学位。在厦门大学国际关系学院攻读博士研究生时，他的研究方向是中非经贸合作。攻读博士期间，卡斯获得留学生优秀成绩二等奖。2019年，卡斯加入了云南大学国际关系研究院非洲研究中心博士后站点。

进入21世纪，中非关系已成为共生关系。自2000年起，中非经贸合作成为中非关系的最大亮点。中非贸易额增长率保持较高增长水平，2018年达到2041.9亿美元，高于2017年的1697亿美元，是非洲与印度（590亿美元）、日本（200亿美元）等其他主要经济伙伴的贸易总额的两倍多。中国成为非洲最重要的贸易和经济伙伴。中国在非洲的外国直接投资（FDI）年度流量也从2003年的7500万美元增加到2020年的42亿美元。2018年至2021年，中国对非贸易增速保持较高水平，中国仍是非洲第一大贸易伙伴。

2013 年，中国国家主席习近平提出了“一带一路”倡议。这是一项有利于基础设施建设和贸易投资的倡议，旨在促进非洲、亚洲和欧洲等地更大程度的一体化和互联互通。“一带一路”倡议在国际上被视为中国重塑其全球参与的标志性愿景。据世界银行称，“一带一路”倡议旨在加强中国与其他几十个国家之间的基础设施、贸易和投资联系，这些国家合计占全球 GDP 的 30%以上，占世界人口的 62%，占已知能源储备的 75%。

非洲在寻求可持续发展的过程中将重心转向中国，并对“一带一路”持积极态度，是有充分理由的。在经济上，非洲大陆仍然处于贫困状态，尽管其拥有丰富的自然资源禀赋。“一带一路”倡议为非洲大陆建设基础设施和发展工业能力提供了巨大机遇。该倡议可以为非洲的经济增长和发展创造更多的有利条件。在政治上，非洲大陆一直被全球事务边缘化，这主要是过去的殖民统治者造成的。非洲对严重影响其社会经济转型的国际进程和行动没有发言权。“一带一路”倡议强调尊重各国意愿，有利于非洲国家在国际事务中掌握话语权。在意识形态上，非洲在很大程度上认同中国，因为二者具有以殖民主义为特征的独特历史背景，这种相同或相似的历史背景成为非洲国家参与甚至热衷于“一带一路”倡议的原因之一。

自 2013 年“一带一路”倡议启动以来，非洲国家对参与“一带一路”倡议表现出了浓厚的兴趣。目前，大部分非洲国家都与中国签署了共建“一带一路”合作谅解备忘录，这与中国和非洲近年来的发展有一定的关系。一方面，中国已成为仅次于美国的世界第二大经济体，与非洲在 2002 年至 2013 年期间的快速发展交相辉映，当时世界上增长最快的经济体中有六个在非洲。另一方面，非洲的快速发展受到全球大宗商品繁荣的推动，尤其是中国和印度等发展中国家对石油和其他大宗商品的高需求，更是对非洲的经济发展起到了积极作用。非洲的快速发展还归功于 54 个非洲国家签署的《非洲大陆自由贸易区协定》，该协定于 2019 年 5 月 30 日正式生效，成为参与国家最多的自由贸易协定。2019 年 7 月，非洲大陆自由贸易区成立，2021 年 1 月启动。就此而言，非洲的快速发展与中国紧密相关，例如，中国对非洲的发展贷款，中国在交通和电力等基础设施方面对非洲的援助，以及在技术转让方面的优待等，都对非洲发展产生了积极影响。

得益于“一带一路”倡议对中非合作，特别是中非经贸合作的推动，中国在非洲的经济活动无疑正在增多。所以，许多非洲国家在道路、医院、体育场馆、通信设施等基础设施建设方面取得了前所未有的发展，使非洲的商贸活动更加便利，改善了非洲人民的福祉。同时，基础设施的完善使得非洲对俄罗斯、印度和巴西等其他外部投资者更具吸引力，这些国家也已经举办了类似中非合作论坛的会议。此外，随着中国继续扩大与非洲的合作，其他国家，尤其是日本和印度，也纷纷寻求与非洲国家建立新的伙伴关系。

2018 年 9 月举行的中非合作论坛北京峰会，开启了非洲国家全面参与“一带一路”建设的新篇章。峰会通过了《关于构建更加紧密的中非命运共同体的北京宣言》和《中非合作论坛——北京行动计划（2019—2021 年）》。这两份文件为中非合作指明了新的方向。在这次峰会上，中国国家主席习近平承诺提供 600 亿美元的资金支持，这与 2015 年在南非举行的中非合作论坛约翰内斯堡峰会上承诺的支持非洲发展的金额相同。非洲的发展从此与“一带一路”的联系更加紧密。

东非国家，特别是肯尼亚，对全面参与“一带一路”建设表现出浓厚的兴趣。相对而言，肯尼亚成为共建“一带一路”的重要伙伴，具有区位优势。目前，肯尼亚正处于同时开展多个不同时期开启的“一带一路”项目建设的阶段，计划通过完善交通基础设施建设加强东非地区和中非地区之间的联系。肯尼亚总统乌胡鲁·肯雅塔一直是“一带一路”倡议的坚定支持者。通过与中国的合作，肯尼亚实施了从港口城市蒙巴萨到行政首都内罗毕的标准轨距铁路等多个基础设施项目。

肯雅塔总统曾表示，“一带一路”倡议是非洲社会经济转型的最佳模式，反映了非洲和中国之间在贸易和投资之外日益增强的意识形态共识。这种情绪已在更广泛的肯尼亚民众中体现出来。从 2019 年 12 月的皮尤调查中也可以看出，肯尼亚民众对中国持看好态度。民意调查显示，68%的肯尼亚人对中国经济增长持积极态度，60%的受访者欢迎中国投资肯尼亚。

新冠疫情在非洲蔓延后，中国对非洲的支持成为非洲国家继续支持推进

“一带一路”建设，并且加强与中国合作的原因之一。毫无疑问，新冠疫情耗尽了许多国家的经济资源，可以为非洲提供替代融资的西方国家在经济上受到严重影响。疫情好转之后，西方经济体的主要关注点开始转向内部经济，只有中国既向非洲提供抗疫支持，又向非洲提供恢复经济的财政援助。

疫情期间中非卫生合作增强。中国一直积极与非洲国家分享抗疫经验。中国总共向超过 44 个非洲国家外派传染病专家，以帮助其进行疫情防控。中国还向绝大多数非洲国家捐赠了口罩、个人防护服和呼吸机等抗疫物资。作为非洲大陆重要的贸易伙伴、投资者、建设者和开发项目融资攸关方，中非合作没有受疫情影响。相反，新冠疫情还成为中国与非洲各国之间合作的倍增器。疫情之前，不少非洲国家已经在“一带一路”范围内开展了大量基础设施项目建设。这些项目旨在增加非洲大陆的社会经济活动。

自非洲大陆出现首例新冠肺炎确诊病例以来，中国一直是肯尼亚抗击疫情最强有力的合作伙伴与支持者之一。中国与肯尼亚分享了重要的疫情防控经验，使肯尼亚得以在控制病毒传播上抢占先机。中国也是肯尼亚应对疫情所需的基本物资的主要来源——从药品到口罩、医护人员的个人防护设备和重症患者护理所需的呼吸机，其中大部分是捐赠。这足以向肯尼亚公众表明，中国在这个关键的时候向肯尼亚展示其重要作用和承诺。这为两国之间的进一步合作起到了推动作用。

为了最大限度地发挥“一带一路”的效益，非洲国家必须克服某些问题。首先是克服新冠疫情。截至 2022 年 3 月 20 日，非洲确诊的新冠肺炎病例达到 11334448 例，而疫苗接种量刚刚超过 262449948 人次。非洲因新冠肺炎而死亡的人数已达到 251150 人。其中，受影响最大的国家是南非、摩洛哥、突尼斯、肯尼亚等。与非洲其他地区一样，疫情在人们对经济充满期待的时候袭击了肯尼亚。随着肯尼亚的感染人数不断增加，死亡人数超过 1000 人，这场健康危机几乎使该国所有的经济活动停滞不前，包括正在进行的“一带一路”相关项目。

其次是安全问题。在过去的几十年里，特别是在后殖民时期，许多非洲国家经历了多次战争和暴行。迄今为止，在许多非洲国家，内乱、恐怖主义、非政府武装和种族暴力是常态。尼日利亚、喀麦隆、埃塞俄比亚、马里、南苏丹、利比亚和刚果民主共和国等每天或定期记录死亡人数。“博科圣地”、索马里青年党、“伊斯兰国”等恐怖组织在非洲大陆十分活跃。对于正在非洲开展的“一带一路”项目建设，中国和非洲国家都意识到非洲的不安全和不稳定因素会对其产生不利影响甚至威胁。

最后是西方媒体的污蔑。对于中非合作和“一带一路”，西方国家采取了多种策略，其中包括利用其媒体破坏公众对中非合作的看法。西方媒体，尤其是美国媒体，正在散布“债务陷阱”的谣言，指责中国正在利用其经济资源将非洲国家与不可持续的债务联系起来。西方媒体还利用非洲的民间团体来反对与非洲大陆相关的“一带一路”项目，其目的是抵制这些项目，阻止中国与非洲各国进一步开展经济合作。此外，西方国家在一些涉及中非共建“一带一路”的项目中，甚至利用多边贷款机制阻止中国对非洲国家的金融援助。

就中方来说，建议采取以下做法：第一，通过强调已经开展的“一带一路”项目的积极社会经济效果，来揭穿“债务陷阱”的谬论；第二，针对非洲国家的综合发展规划，与非方合作确定“一带一路”建设项目。这有利于项目获得更大的支持、效用和可持续性；第三，在开展“一带一路”项目建设的同时，促进新技术和新产业在非洲的传播，以创造就业机会和刺激经济发展，从而抵消受援国国债的不良影响；第四，“一带一路”是具有高度政治、经济的重要倡议，中国应在非洲国家开展更多公共外交活动。

就非方来说，建议采取以下做法：第一，避免被西方媒体误导。西方对中非关系的抹黑，在一定程度上得到了非洲某些鹦鹉学舌“精英”的呼应。这些西方媒体带有明显的反华色彩，非洲方面应该对此予以警惕；第二，制定灵活的投资政策，尤其是与非盟《2063年议程》相一致的投资政策；第三，抓住“一带一路”带来的机遇，推进非洲大陆迫切需要的基础设施建设。

互学互鉴篇

中国脱贫与中国发展：四十年的坚守与成功

〔喀麦隆〕门杜（Joseph O. Mendo'o）

个人介绍：

Joseph O. Mendo'o（中文名：门杜），北京大学国际关系学院喀麦隆籍博士研究生、北京大学非洲研究中心助理、中非青年联合会联合创始人，非洲青年驻华代表团团长。他的博士专业为国际政治，主要研究领域包括中非政治、经贸合作、非洲区域一体化、地区主义、安全与发展关联、青年发展等。他在期刊上发表了多篇文章，也经常在中央电视台国内外频道，包括中文频道、英语频道、法语频道接受采访。

近40年来、中国在实现脱贫目标方面取得了显著进步。由于中国贫困线以下的农村人口大幅减少，中国为全球减贫事业作出了巨大贡献。本文将对近40年来中国脱贫攻坚的主要经验和中国社会的全方位发展进行总结，并作简要分析，重点阐述习近平新时代中国特色社会主义思想指引下的精准扶贫政策。本文将中国减贫的过程从1978年至今分为四个阶段，最后讨论中国脱贫攻坚的成就与经验，以及对非洲国家的启示或借鉴意义。

有关中国减贫的主流文献表明，中国脱贫攻坚的成就不仅是经济持续快速增长的结果，也是过去40年政府主导的大规模、长期扶贫战略实施的结果。由于中国经济发展的不平衡，中西部和东部地区农村发展存在巨大差距。中国政府于20世纪80年代中期开始实施减贫战略，这对推动大规模减贫起到了重要作用。过去40年中国的扶贫战略从1978年到2012年主要经历了三个阶段。

第一阶段是救济式扶贫（1978~1985年）。改革开放初期，中国经济落后、政府财力薄弱，大多数农村贫困人口面临缺衣少食的问题。美国密歇根大学副教授洪源远（Yuen Yuen Ang）的专著《中国如何摆脱贫困陷阱》中提到，通过对孟加拉国、乍得和马拉维人均收入的比较，截至1978年，中国的状况与之相当，甚至更糟。在这一时期，中国主要采取了以救济为基础的扶贫措施，解决衣物和食品供应短缺的问题。1984年中国政府通过多种渠道拨款300多亿元人民币用于扶贫。

第二阶段是发展导向型扶贫（1986~2006年）。到20世纪80年代中后期，中国农村收入的增长首次放缓，城乡差距开始再次扩大。中国的扶贫战略开始从以救济为主转为以发展为导向，以便更好地推动和实施扶贫政策。中国国务院扶贫开发领导小组办公室成立的目的是监督和指导针对扶贫的“各种各样的参与者、倡议和资金渠道”。当时启动的扶贫项目侧重于对贫困县家庭的援助，包括补贴贷款、支持种植经济作物（和其他生计），以及对灌溉、农业建设和其他基础设施的投资。例如，该小组提出的一项名为“以工换粮”的新计划，其目的是在基础设施建设中吸收农村剩余劳动力，同时支持和促进农业基础设施建设和农业技术推广。21世纪初，中国西部地区仍有大量贫困人口。因此，中国在2001年启动了一项新的计划，名为《中国农村扶贫开发纲要（2001—2010年）》。根据该纲要，脱贫攻坚仍然是一项长期的历史任务。因此，中国政府坚持以发展为导向的扶贫，实施扶贫开发与农村最低生活保障制度的有效衔接方案，并逐步完善社会保障体系。为此，中国政府确定了目标贫困户群体，并将其分为扶贫对象、连片贫困地区、重点县和贫困村四个层次。脱贫攻坚的主要措施包括改善贫困村的生产和生活条件、培训，以及将剩余的农村劳动力从贫困地区向非农部门转移，等等。这些措施有助于改善农村基础设施和提高农业生产水平，有助于降低农村贫困人口的贫困水平。

第三阶段是发展导向型的社会保障扶贫（2007～2012 年）。2007 年以来，中国的扶贫措施开始将以发展为导向的扶贫与社会保障体系相结合。通过这些政策，中国政府旨在引导贫困地区和贫困人口调整当地经济结构、开发当地资源、发展商品生产，提高他们的自我积累和自我发展能力。随着以发展为导向的扶贫政策的实施，大多数有劳动能力的农村贫困人口通过农业发展和非农就业摆脱了贫困。然而，小规模临时生活援助无法满足老年人或不能工作的贫困人口的基本生活需要，导致这一群体长期贫困。为此，中国政府在 2007 年建立了农村贫困人口最低生活保障制度，并以这项社会保障政策作为以发展为导向的扶贫措施的有力补充。这项政策通过政府补贴帮助无法工作的贫困人口满足其基本需求。在以发展为导向的扶贫和社会保障体系的共同作用下，中国农村贫困人口从 2001 年的 9029 万下降到 2010 年的 2688 万，贫困人口比例按照 2008 年国家贫困标准下降到 7%。

中国共产党的十八大以来，以习近平同志为核心的党中央把脱贫攻坚摆在治国理政的突出位置，中国脱贫攻坚战由此进入新阶段。2013 年 11 月，习近平在湖南省的一次讲话中首次提出了精准扶贫的新思路。这一术语成为一项新运动的象征，该运动强调根据贫困地区的当地条件，找出并针对性地努力解决贫困的根源。政府工作人员走访农村贫困地区，对所有贫困户和贫困地区进行登记识别。许多政府工作人员负责根据具体情况在每个村牵头设计和实施量身定制的扶贫项目，主要集中在以下几个领域：教育、生态、农业产业、社会援助和搬迁。为了实现这一目标，中国政府于 2014 年在全国范围内开展了一项贫困调查，以确定仍生活在贫困中的家庭、乡镇和县。为此，全国各地在 2014 年动员了大量政府工作人员到村，确认调查结果的准确性，并进一步落实登记工作。根据调查结果，中国当时存在的贫困户总数为 2948 万户，贫困人口为 8962 万人。中国政府对每个贫困家庭进行了识别，以便跟踪其在提高生活水平和减少贫困方面的进展。党中央把脱贫攻坚作为全面建成小康社会的底线任务和标志性指标。这一目标在 2016 年已包含在国务院印发的《“十三五”脱贫攻坚规划》中。当时国务院扶贫开发领导小组办公室为此发布了详细规划，在几个关键领域设定了目标：贫困村和贫困县的数量将减少到零，980 万人将在易地搬迁扶贫政策下实现危房基本减为零。该规划要求政府投入大量财政和人力资源，以及在每个贫困村和贫困县制定具体计划，以解决当地贫困的根源问题。

中国政府改善贫困地区状况的举措是多方面的。习近平总书记提出，到 2020 年，实现农村贫困人口“两不愁三保障”是中国脱贫人口脱贫的基本要求和核心指标。“两不愁三保障”是指确保农村贫困人口不愁吃、不愁穿，义务教育、基本医疗服务和安全住房得到保障。在脱贫攻坚中，中国启动了一系列提高效率的政策和措施，可以总结为六个精准，包括：扶贫对象精准、项目安排精准、资金使用精准、措施到户精准、因村派人精准、脱贫成效精准。中国政府实施消除贫困的“五个一批”政策，具体包括：发展生产脱贫一批、易地扶贫搬迁脱贫一批、生态补偿脱贫一批、发展教育脱贫一批、社会保障兜底一批。在扶贫中的四个问题是：扶持谁、谁来扶、怎么扶、如何退。这些都增强了中国脱贫攻坚的目标针对性，提升了脱贫攻坚的整体效能。

习近平总书记在解释“以人民为中心”理念背后的含义时，将其分为以下几个方面。首先，中国共产党带领人民进行革命、建设和改革，根本目的是确保人民过上更好的生活。其次，中国共产党必须始终把人民的利益放在首位。人民是党执政的坚实基础。保护人民生命安全和身体健康可以不惜一切代价。因此，以人民为中心是扶贫减贫的根本动力。最后，脱贫攻坚全面胜利的根本原因是中国共产党的领导和社会主义制度。中国共产党带领中国人民踏上改革开放和社会主义现代化建设的新征程，为创新发展注入了强大动力。中国社会经济快速发展，脱贫攻坚步伐加快，贫困人口大幅减少。2021 年迎来了建党 100 周年的中国共产党，坚持以人民为中心的理念，牢记为中国人民谋幸福、实现民族复兴的使命，以坚定不移的信念和坚强的意志带领人民摆脱贫困。全国各族人民团结一致，迎难而上，锐意进取，从闭塞落后走向开放进步，从温饱不足走向社会全面发展，从长期贫困落后走向繁荣富强。各级党委第一书记和驻地工作组，以及基层党员、干部和志愿者等，勤奋敬业，关心贫困群众。他们一直在一线战斗，常常没有时间或精力照顾自己的家人，克服恶劣的自然条件，甚至不顾常年劳累生病，但这一切都是为了人民群众。新时期中国的脱贫攻坚，充分生动地体现了以人民为中心的理念和中国共产党全心全意为人民服务的根本宗旨。中国消除绝对贫困的成功经验证明，贫困的核心问题是如何对待人民：以人民为中心的理念就是扶贫减贫的根本动力。有了这样的理念，中国才能够针对贫困群众采取具体措施，并取得真正的效果。正因为如此，中国才可以从人民群众中汲取不竭动力，确定明确的方向，找到正确的脱贫攻坚之道。

根据《人类减贫的中国实践》白皮书，经过 8 年艰苦奋斗，中国到 2020 年底如期完成新时代脱贫攻坚目标任务，并提前 10 年实现了联合国 2030 年可持续发展议程减贫目标。中国农村地区曾经生活在贫困线以下的 9899 万人全部摆脱了贫困；12.8 万个贫困村和 832 个指定贫困县全部脱贫。

脱贫攻坚是中国农村的又一次伟大革命，并带来了历史性的全面变革。这场行动结束了贫困地区的落后状态，促进了农村全面发展，消除了实现全面小康的最大威胁，为实现中国共产党第二个百年目标，以及建设中国社会主义现代化奠定了坚实的基础。中国在脱贫攻坚中取得了全面胜利，实现了中国几千年来首次全面消除绝对贫困的目标、也实现了中国人民的百年愿望。

通过脱贫攻坚，贫困人口的收入和福利有了很大的改善。“两不愁三保障”、六个精准扶贫、“五个一批”，充分印证了精准扶贫方略的科学性，使广大群众的生活发生了翻天覆地的变化，贫困人口的收入逐渐增加。农村贫困人口人均可支配收入从 2013 年的 6079 元增加到 2020 年的 12588 元，年均增长 11.6%，增速高于全国农村平均水平 2.3 个百分点。从《人类减贫的中国实践》白皮书中可以看出，贫困人口的收入、经营收入与转移收入的比例逐年保持增长，这表明他们通过自身努力摆脱贫困的能力越来越强。

在中国期间，笔者养成了“脚踏实地”的习惯，并深入考察中国的基层。通过实地考察，笔者可以了解当地风俗，并为开展公益活动和志愿服务寻找切入点。笔者曾去过河北李庄村，江西的竹桥古村、神山村、易家河新村，贵州的花茂村，山西兴县，宁夏永宁县等 20 个基层县乡，还去过新疆的喀什、和田、乌鲁木齐，江苏常熟市等城市，并在那开展公益、志愿者活动，了解中国社会发展现状，与当地村民、教师、学生进行交流活动。

在山西省兴县体验基层干部蹲苗成长的过程。笔者在山西省兴县有一次极富成效的学习经历。笔者来到这里，起初是出于好奇从快速阻击新冠疫情到历史性地解决绝对贫困的问题，中国取得这样的成就背后究竟靠什么？后来通过对抗疫一线人员的访问和在山西兴县脱贫攻坚的实地调研，笔者终于找到了答案，那就是中国共产党的坚强领导和以人民为中心的发展理念造就了中国的发展奇迹。笔者近距离观察到村第一书记的日常工作和精神状态，也了解到原贫困户转为致富带路人的奋斗脱贫故事。通过这段经历，笔者对中国基层干部的工作作风敬佩不已。村民和共产党之间惊人的密切关系和彼此间的互相信任引起了我的好奇心。据大多数村民说，党员和村干部就像他们的“亲密朋友”。许多村民还夸赞中国共产党始终把他们放在第一位，派人来照顾他们，并找到更好、更有创新性的解决方案来发展这个村，改善当地人民的生活。通过此次体验，笔者意识到基层有最广大的民众、最真实的情况，基层也是中国共产党的根基所在、血脉所在。基层好、基层强，中国就会越来越好，越来越强。

在宁夏和新疆体验人类发展和环境保护双赢。笔者另一个有意义的体验是在银川市永宁县（宁夏），以及喀什、和田和乌鲁木齐（新疆）。在这些地方，我了解到，当地政府和人民以习近平生态文明思想为引领，大力践行绿色发展，牢固树立“绿水青山就是金山银山、冰天雪地也是金山银山”的理念、大力弘扬和践行“绿色发展”精神，进一步加强生态文明建设，打好污染防治攻坚战，着力解决突出环境问题，加大环境修复力度，努力形成人与自然和谐发展新格局。笔者观察到新疆尤其是南疆已经发生从过去的沙进人退到现在的人进沙退的转变。新疆喀什的防风固沙也好，和田的防沙治沙也好，都已成为该地区的一张亮丽名片。在和田考察时，本人观察到由于当地大规模实施防沙治沙绿色生态工程，治沙造林、特色林果业、设施农业、沙漠旅游观光等产业应运而生，吸引了一大批特色农产品加工企业落户，核桃、红枣、杏、葡萄、石榴、管花肉苁蓉、玫瑰花等特色林果已经成为和田的特色产业名片。

另外，绿色农业、健康食品观念的推广使消费者对农产品提出了更高的要求，这也是对农业生产方式提出的更高要求。如今，绿色已成为新疆农业生产的主色调，越来越多的农民以新发展理念为引领，借助绿色农业生产技术，实现人类发展和环境保护双赢。也就是说，“生态兴则文明兴，生态衰则文明衰”。以当地的一家公司为例，这家公司致力于香菇种植、加工，为促进经济发展、农业发展、增加当地居民就业作出很大贡献，也同时为环境保护作出贡献，做到了人与自然和谐共生，共同发展，成为在发展中保护、在保护中发展的典型案例。

在绿色农业生产不断推进的同时，科学健康的生活方式在宁夏和新疆农村快速普及。近年来，中国农村的卫生厕所快速建设，脏乱差环境得到了明显改善，垃圾污水治理能力稳步提升，农村面貌发生了很大变化，一座座美丽村庄使中国成为留得住绿水青山系得住乡愁的好地方。与此同时，新疆政府还给农民普及卫生健康和疫病防控知识，培养文明健康的生活方式。现在，农村人居环境整治工作得到新疆广大农民群众的普遍认可。在村容村貌改善的同时，农民增收致富奔小康的信心更足了，现代文明生活方式蔚然成风，农村环境正由外在美向内在美、持续美方向不断转变。

脱贫攻坚是内外合力。笔者观察到，只要人们勇于奉献、勤奋和坚韧不拔，集体努力，就可以实现减贫。在兴县的亲身经历让本人对中国的扶贫战略有了更为全面的了解，也看到了当地村民为了提高农业生产力，把荒山变成了金山银山、甚至聚宝盆。本人看到了沙壕村的非物质文化遗产剪纸传承是如何让特殊群体脱贫，以及当地村民如何在脱贫攻坚中发挥主要作用的事例。在此期间，本人还了解到了通过发展和生产来消除贫困的方法。在兴县有村民经营的农村产业，这类产业在农产品的增产增值方面发挥着举足轻重的作用。还有通过当地电子商务平台推广地方特产到中国全国市场的扶贫做法，如山西清泉醋业有限公司就是农村产业扶贫的典型案例。

以人民为中心的理念是脱贫减贫的根本动力。笔者有机会在沙壕村体验村干部的日常工作。这不仅是一次丰富的经历，更是一次了解基层治理在脱贫攻坚中重要作用的难得机会。通过这次经历，我深刻了解到中国共产党在基层治理中是如何将脱贫攻坚放在首位的。在实践中，基层党员和村干部努力了解村民的实际经济状况、明确帮扶对象，然后实事求是、因地制宜地制定帮扶措施，从而提高精准扶贫效率。

中国的减贫成就在中国国内及其他发展中国家和国际社会引发了大量讨论。事实上，有关中国有哪些可以吸取的经验教训，以便加快其他国家的减贫进程，在国际上也还存在着一些疑问。中国政府曾发布《人类减贫的中国实践》白皮书，其中提出的中国经验可供其他国家借鉴。笔者认为，中国的成功经验和做法总体可以总结为以下几点。

中国共产党和中国政府的领航把舵。中国各级扶贫机构能够明确任务，强化职责，完善扶贫组织管理，保障扶贫规划、政策的制定和实施，提高扶贫工作的协调性和效率，离不开中国共产党的领导。在中央政府反贫困机构的指导下，中国先后颁布了《国家八七扶贫攻坚规划（1994—2000 年）》、《中国农村扶贫开发纲要（2001—2010 年）》和《中国农村扶贫开发纲要（2011—2020 年）》，明确各级政府部门有效开展扶贫开发工作的任务、重点、步骤和措施。同样重要的是，私营部门通过创造就业机会、纳税和提供直接援助，在减少农村贫困人口的过程中作出了巨大贡献。

创新和逐步改进。从通过经济增长减贫到更有针对性的扶贫，到以发展为导向、临时救济为辅的扶贫方式，再到 21 世纪初发展导向与社会保障体系相结合，随着脱贫攻坚阶段的不同，中国逐步调整扶贫政策，改善扶贫工作成效。2013 年中国启动了以家庭层面为主的精准脱贫攻坚战。为此中国政府制定了贫困家庭名单，将年收入在官方划定的贫困线以下的所有贫困户都纳入社会保障体系之内。

保持经济持续增长。实施改革开放政策，通过持续的经济增长来减少贫困，是中国过去 40 年脱贫攻坚的主要路径。改革开放初期，中国实行农村家庭联产承包责任制、农产品市场化等经济改革，在减贫方面发挥了重要作用。这些改革结合农业技术的发展，极大地改善了中国大规模贫困人口的生活条件。20 世纪 90 年代，随着农村乡镇企业数量的增加，农村劳动力开始向非农部门转移。农村收入来源实现了多样化。

培养贫困群体的自我发展能力。中国发展导向型扶贫政策值得非洲国家学习和借鉴。中国通过实施优惠政策，使贫困地区部分抵消了自然条件差的制约因素，改善了贫困地区的生活条件。通过完善基础设施、提高公共服务等举措，贫困地区的发展环境得到改善。更重要的是，通过农村信贷补贴、劳动力培训、农业政策支持等措施，贫困人口能够培养和提高自我发展能力，并阻断贫困代际传递。

总的来讲，为了扶贫，中国在贫困和偏远地区通过公私合作、农民合作社、普惠金融和电子商务等方式提高农民自我发展能力，改善市场准入。中国政府甚至在最贫困的农村地区实现了交通、电力、清洁水以及现在的互联网基础设施建设。目前，中国正在应对环境挑战，包括增强应对气候变化的能力、改善自然资源管理，以及实现人类发展和环境保护双赢，等等。这些做法和经验非常值得非洲国家学习和借鉴。

中国脱贫对非洲的启示

〔尼日利亚〕李明诚（Uzodinma Chinenye Gerlof）

个人介绍：

Uzodinma Chinenye Gerlof（中文名：李明诚），北京外国语大学尼日利亚籍留学生，现在是该校非洲学院法语语言文学专业的博士研究生，研究领域包括法语国家与地区研究、孔子学院国别可持续发展战略研究。

中共十八大以来，习近平总书记站在全面建成小康社会、实现中华民族伟大复兴的战略高度，把扶贫开发放在治国理政的重要位置。根据联合国的定义，贫困是指缺乏收入和生产资源以确保可持续的生计，而扶贫是人类解决贫困问题的当务之急。2021 年 2 月 25 日，中国举行全国脱贫攻坚总结表彰大会，庆祝中国在扶贫方面取得的巨大成就，并表彰全国脱贫攻坚楷模荣誉称号获得者。习近平总书记宣布，中国脱贫攻坚战取得了全面胜利，中国已经完成了消除国内绝对贫困的“艰巨任务”。这一伟大成就，不仅拉近了中国与实现全面建成小康社会梦想的距离，更为推进世界扶贫进程作出了重大贡献。

根据 2015 年 11 月 27 日在北京召开的中央扶贫开发工作会议上的习近平总书记讲话精神，消除贫困、改善民生、实现共同富裕是中国共产党的主要使命之一。自中共十八大以来，习近平总书记高度重视扶贫工作。他在出席 2015 年 11 月 15 日于土耳其安塔利亚举行的二十国集团领导人第十次峰会时，发表了题为《创新增长路径　共享发展成果》的重要讲话。他表示，“消除贫困和饥饿，实现公平、开放、全面、创新发展，不仅是共同的道义责任，而且能释放出不可估量的有效需求。”“中国将致力于在未来5年使中国7000多万农村贫困人口全部脱贫，将设立‘南南合作援助基金’，并将继续增加对最不发达国家投资，支持发展中国家落实联合国2030年可持续发展议程。中国将把落实联合国2030年可持续发展议程纳入‘十三五’规划，我倡议二十国集团成员都制定落实这一议程的国别方案，汇总形成二十国集团整体行动计划，助推世界经济强劲、可持续、平衡增长。”①

从2000年起，中国进入了全面建设小康社会、加快推进社会主义现代化的新的发展阶段，但截至2014年底，中国有7000多万农村人口仍生活在贫困之中。为了实现全面建成小康社会的目标，中国在2016年至2020年的“十三五”规划中将扶贫作为主要目标，决心保障贫困地区民众的温饱、义务教育、安全住房和基本医疗。中国以坚定的决心和精准的措施朝着实现这些目标迈进。截至2020年，中国约有8亿人脱贫，占同期全球减贫总数的75%。2021年，中国宣布已经解决了绝对贫困的问题。中国为取得这些巨大成果所采取的战略和精准措施值得关注和研究。

一是制定消除贫困的合理目标。需要注意“合理”一词。在制定措施时，各级政府必须考虑措施的可行性，即先要进行广泛而细致的调查，因为没有调查就没有发言权。

二是加大投入，特别是加大财政支持力度。财政扶持对于经济和国家发展，尤其是减贫至关重要。中国政府从2016年到2020年，连续五年每年拨出200亿元人民币专项扶贫资金。截至2020年，中国共投入了1461亿元人民币作为国家扶贫的主要资金。2020年，国家还划拨了一笔300亿元人民币的一次性综合财政援助资金用于支持扶贫攻坚。

三是将所有精力集中在扶贫上。习近平总书记在听取了中央政治局常委

---

① 习近平：《创新增长路径　共享发展成果：在二十国集团领导人第十次峰会第一阶段会议上关于世界经济形势的发言》，《人民日报》2015年11月16日，第2版。

关于消除贫困的情况介绍后表示，将对偏远和老旧的村庄进行改造，发展村集体经济，改善基础设施。

四是将区域发展的主要任务定位为扶贫。扶贫是区域发展的一个重要组成部分，涉及贫困地区的公共服务、基础设施和工业发展问题。在这方面，各级政府针对不同的贫困地区，因地制宜，制定了具有可行性的计划以促发展。

五是加大各方对脱贫攻坚的支持力度。2020 年 12 月 2 日，中国国务院新闻办公室召开会议。财政部副部长程丽华在会上呼吁，要全力以赴支持打赢脱贫攻坚战，继续加大扶贫资金投入。

六是加大内生动力培育力度。扶贫援助治标不治本，扶贫先扶志气，要激发贫困人口的主观能动性。2019 年 4 月，习近平总书记在重庆考察并在主持召开解决“两不愁三保障”突出问题座谈会时指出，要建立稳定脱贫的长效机制，加强产业扶贫，组织消费扶贫，加大培训力度，促进转移就业，让贫困群众有稳定的工作岗位，坚定脱贫意志，贡献致富智慧，从而进一步推动脱贫攻坚。

七是加大领导和组织力度。为实现目标，领导和组织是关键。中共中央委员会呼吁党员提高政治素质，树立大局观，增强核心意识，坚决支持并执行好党的扶贫政策。此外，党委第一书记、驻地工作组，以及志愿大学毕业生（“大学生村官”）被派往贫困村进行扶贫工作。这一举措在世界范围内都是独树一帜。

八是加强对扶贫工作的监管。要真正实现扶贫，监管监督非常必要。为了妥善监管扶贫资金，中国使用了动态监管平台，充分利用现代信息技术整合信息系统。同时，有关部门还加强了资金绩效管理，实行公示制度。例如，甘肃省财政厅网站首页设置了扶贫公告栏，及时披露扶贫政策、资金分配和资金安排。此外，甘肃省脱贫攻坚领导小组还出台了扶贫资金管理办法，明确了各方责任。

卢氏县是中国扶贫攻坚的典型案例。卢氏县总面积 4004 平方公里，总人口 37 万人，是河南省面积最大的县。2016 年初，全县共有贫困户 19645

户，贫困人口63134人，是国家级贫困县、秦巴山集中连片特困地区扶贫开发工作重点县和河南省“三山一滩”扶贫工作重点县。该县易发生水灾、火灾、滑坡等自然灾害，人均耕地少，交通不便，许多单身户独居在深山中，自我脱贫的意识不强。该地区的脱贫目标是：2016年至2019年分别完成贫困人口占人口总数的30%、35%、30%和5%的年度脱贫任务，并在2019年实现全面脱贫。

在仔细勘察环境后，当地政府针对不同目标群体实施一揽子措施，包括增产、搬迁、生态补偿、教育、社会保障、发展特色产业脱贫。政府发展了核桃和连翘产业，为贫困户免费提供树苗，成活后每亩补贴90元。他们还建立了县乡村组的技术服务网络，全方位提供科技指导和服务保障，并按照“公司+基地+农户”的方式建立了种植、加工、销售体系，拉长了产业链。8780户贫困户从该项目中受益。烟草作为该县的特色农业和农村支柱产业也得到了发展。2016年，全县烟农基本收入增加至3亿元人民币，烟叶税收入达7000万元人民币。全县发展烟叶种植面积11.7万亩，其中有1228户贫困户，烟叶种植面积12050亩。食用菌这一传统产业是西南山区群众的主要收入来源，目前，卢氏县得益于自然地理条件，已生产食用菌9000多万袋，4799户贫困户获益，正常情况下户均收入可达12000元人民币以上。此外，当地政府还开展了卢氏鸡、卢氏黑猪等特色养殖项目，全县卢氏鸡存栏达147万只。政府还引进了国内大型企业投资，以进一步扩大生产规模，将卢氏鸡和卢氏黑猪打造成品牌。

此外，卢氏县政府对26个乡村旅游重点村进行了分期分批的整治升级，整合了相关项目和资金，支持和完善了基础设施，促进了农业旅游一体化。截至2016年8月，全县年接待游客达到22.73万人次，旅游综合收入达到5728.8万元人民币，全县贫困人口中1500户5800人从事旅游产业，实现增收脱贫。“互联网+”行动计划也有所成效，卢氏县先后建成了大众电商创业园、电子商务公共服务中心（营销平台）。全县35家电商企业产生交易额4.69亿元人民币，促进农产品价格上涨20%，提供新增就业岗位1180个，培训贫困人口2500人。2016年，县政府规划实施了37个村级分布式电站和370户五联户电站光伏扶贫项目，投入财政专项扶贫资金2183万元人民币。每个电站建成后可带动25户贫困户稳定增收，平均每户年增收3000元人民币，总共实现了2920户贫困户脱贫。

从卢氏县案例中，可以明显看出精准扶贫措施的实施过程的可行性。彻底消除贫困虽然道阻且长，但确实是“功在当代，利在千秋”的伟大事业。

在世界各国均为消除贫困做出努力的背景下，非洲各国也奋起直追，以期为公民创造更好的生活。许多非洲国家出台了多项政策，以改善国家的贫困境况。作为非洲人口数量最多和经济规模最大的国家，尼日利亚在1972年推出了国家加速粮食生产计划（National Accelerated Food Production Programmes），建立了尼日利亚农业合作银行（Nigerian Agricultural and Cooperative Bank）。这是尼日利亚最早为扶贫推出的举措，目的是通过资助农业以消除贫困。然而，学者们认为该措施既浪费了资源，也没有取得任何实质性的成果。1976年，时任军队领袖奥卢塞贡·奥巴桑乔将军提出了“养活国家行动”（Operation Feed the Nation），通过为农民提供化肥、杀虫剂和改良种子等方式，以实现推动农业发展、提高生产力的目标。为助力该举措的顺利实施，奥巴桑乔在全国各州开展、建立了农业发展项目（Agricultural Development Project）和河流流域开发局（River Basin Development Authority）。尽管该举措最终宣告失败，但却增加了人们对提高粮食产量的认知。

1996年，尼日利亚前国家元首萨尼·阿巴查将军推出了另一项减贫计划，即“2010年愿景”（Vision 2010）。该计划由248名成员组成的委员会制定，以期能大幅改善经济状况，减轻国家的贫困现状。该计划旨在加强公众教育，减少国家对石油出口的依赖，创造稳定的就业机会以及减少腐败情况。然而，由于政策不一致以及缺乏连续性，该计划也宣告失败。奥马鲁·穆萨·亚拉杜瓦当选尼日利亚总统后，实施了一项旨在改变该国经济的政策。该举措主要面向尼日利亚经济的七个部门，包括运输、粮食安全、电力和能源、国家安全、教育和人类发展、尼日尔三角洲和能源安全、土地所有制改革以及住房所有权和财富创造。不过，根据尼日利亚高级专员公署

2009 年的数据，这项政策同样没有取得成效。2011 年，古德勒克·乔纳森总统提出并实施了一项名为“转型议程政策”（Transformation Agenda Policy）的五年发展计划（2011~2015 年）。该政策委员会由一个 28 人的经济管理小组组成，总统兼任主席，副总统兼任副主席，财政部部长恩戈齐·奥孔乔-伊维拉担任协调员。该政策的主要目标是发展经济，以解决贫困、失业、不安全等问题，在推进经济多样化的举措下促进国家发展。然而，这些问题并未得到妥善解决。

尼日利亚现任总统穆罕马杜·布哈里上任后，启动了几个扶贫项目，旨在使数百万尼日利亚人（主要是农民、手工业者和女性小商贩）摆脱贫困。这些项目包括让青年参与生产活动的国家社会投资方案（National Social Investment Programme）和面向农民的“锚借款人计划”（Anchors Borrower Programme）。该计划旨在向部分农民提供实物及现金（每公顷水稻用于土地种植的贷款为 15. 31 万美元），以提高产量并稳定对农业加工者的投入供应。然而，尼日利亚国家统计局 2019 年的贫困调查显示，仍有 40. 1%的尼日利亚人（即超过 8290 万）生活在贫困线以下。基于 2018~2019 年尼日利亚生活水平调查的数据，尼日利亚国家统计局在世界银行贫困问题全球实践（World Bank's Poverty Global Practice）的支持下完成了 2019 年《关于尼日利亚贫困和不平等的报告》（*Poverty and Inequality in Nigeria*），尼日利亚的贫困线为每年 137430 奈拉（381. 75 美元）。然而，2019 年，世界贫困时钟（World Poverty Clock）记录显示，尼日利亚仍有 7790 万人口生活在绝对贫困中。到 2020 年，生活在绝对贫困中的人数增加到 8010 万。2021 年，该数值增加到了 8140 万。这一数据表明，有更多的尼日利亚人陷入了绝对贫困。显然，要摆脱贫困仍需要统筹兼顾，制定出更好的政策措施。

其他非洲国家也采取了不同的减贫措施。在客观层面，撒哈拉以南非洲国家通过了《2030 年议程》，与世界其他国家一道承诺“不丢下任何人”（leave no one behind）和“首先帮助最落后的人”（reach the further behind first）。在国别层面，许多非洲国家制定了一些实物转让计划，如农业补贴。2008 年全球粮食价格危机后，尼日利亚、马拉维、加纳和坦桑尼亚等许多非洲国家推出了农业补贴计划，以稳定农产品价格，确保粮食安全。许多政府还削减了一系列粮食商品的增值税，暂停征收关税，以应对危机引发的社会动荡，并以燃料或电价补贴的形式进行能源价格补贴。一些非洲国家还推出了学校供餐方案。国内和国际相关主体，包括非洲发展新伙伴计划（The New Partnership for Africa's Development）、世界粮食计划署（World Food Program）、世界银行和一些联合国其他机构，都在推动这些计划的实施。非洲国家采用的其他扶贫战略还包括有条件或无条件的现金转移支付、公共工程计划等。

世界银行的《非洲加速减贫报告》（*Accelerating Poverty Reduction in Africa*）报告指出，生活在绝对贫困中的非洲人口的比例已经从 1990 年的 54%下降到了 2019 年的 33.5%，其中 82%的绝对贫困人口居住在农村地区，主要靠务农为生。然而，随着非洲的发展，世界银行预测 2030 年贫困人口的比例可能会上升。显然，许多非洲国家多年来实施了不同的减贫措施，然而，从贫困率下降相对缓慢这一结果可以看出，其中一些措施显然不够充分或不够有效，可能无法实现联合国提出的 2030 年可持续发展中的消除贫困目标。因此，非洲国家可以尝试学习中国等国家的成功经验，以更有效地消除贫困。

诚然，不同的国家应根据各自的制度和国情，实施不同的战略和政策，但有些问题是大多数国家目前都在面临的，贫困问题便是其中之一。“他山之石可以攻玉”，各国应该相互学习脱贫攻坚的成功经验。就非洲而言，各个非洲国家的确制定了各自的计划和战略来消除贫困，且似乎也取得了一定进展，然而，这些进展相当缓慢，非洲国家可能无法在 2030 年之前实现联合国可持续发展中的消除贫困目标。因此，非洲国家研究并尝试学习借鉴一些国家，尤其是在脱贫攻坚战中取得巨大成就的中国，其扶贫措施颇具现实意义。

扶贫需要良好的经济环境。自 1978 年改革开放以来，中国一直致力于稳定经济，为公民创造更美好的生活，以实现全面建成小康社会的目标。创建稳定的经济环境是中国扶贫的一个关键条件，各个国家实现这一条件的方式可能有所不同。中国的经济改革始于开放，但研究表明，非洲有许多国家开放程度比中国高，然而开放程度对非洲的经济发展并没有积极和显著的影响。同时，研究也表明，非洲进口（主要是消费品）多于出口，而中国则是出口多于进口。中国迅速转向制造业，其所获国内投资是非洲的两倍。许多学者还将非洲国家的发展缓慢和不发达归因于殖民国家划定的任意边界、非洲国家种族组成的多样性、腐败、外债负担的负面影响和政治不稳定等多项因素。这些不利条件均导致了基本社会福利设施的匮乏，造成了贫困率的上升。

此外，虽然非洲拥有得天独厚的人力资源和自然资源，但在国内制造业中，资源利用率并不高。非洲各国并未充分利用这些资源以增加出口收入、推进工业化、提升就业率，进而降低贫困率。位于非洲中部的刚果（金）拥有世界上最大的钴储量。截至 2021 年，刚果（金）的钴总储量约为 350 万吨，而全球钴总储量约为 760 万吨，这意味着刚果（金）的钴储量占全球总量的近一半。钴是生产锂电池的主要原料，但刚果（金）的钴出口价格仅为电池最终成本的一小部分，因为电池主要在中国制造。联合国非洲经济委员会估计，在刚果（金）建造一座 1 万吨阴极前体工厂的成本为 3900 万美元，比在中国或波兰建造一座类似工厂的成本低许多。所以在刚果（金）建造这类工厂，对该国的经济发展至关重要，假以时日，该国可能会成为世界上最大的锂电池生产国之一，这将有助于发展该国的经济并带来更多就业机会。还有一些非洲国家拥有丰富的原油储备，但却仍从其他国家进口石油。因此，非洲国家需要向中国学习，将重点转向国内投资，将原本单一的贸易和出口结构转变为更复杂的多样化出口产品结构，转变为高科技和更高价值的商品出口，并适应技术进步，这是消除贫困的关键步骤。

国内外投资会对一国的经济和社会发展起到重大的推动作用，制造业和服务业的发展可以创造更多就业机会，有助于减少失业和贫困。自 1978 年改革开放以来，中国一直是外国直接投资的重要目标国。根据中国商务部的数据，截至 2021 年，中国实际使用外商直接投资为 1734.8 亿美元。这对中国的经济和国家发展起到了巨大的推动作用。然而，在非洲，外国直接投资从2019年的470亿美元下降到2020年的400亿美元。这一数值还不到中国获取外国直接投资的25%。其中部分原因在于新冠疫情在全球大流行的不良影响，但一些非洲国家的安全问题和基础设施不完善等问题，也是投资减少的重要原因。中国可以说是世界上最安全的国家，基础设施建设相对完善，这也是其外国直接投资持续增长的重要原因。因此，非洲国家需要稳定国内安全环境，推动基础设施建设，减少域内冲突，以吸引外国投资。这不仅能促进非洲各国的经济发展，还有助于解决失业问题，进而减少贫困率。

此外，在寻求减贫的过程中，非洲各国不应仅仅寄希望于外国投资，本国政府也应在这场减贫斗争中加大投资力度。中国政府从2016年到2020年连续5年每年拨款200亿元人民币，2020年达到1461亿元人民币，用于国家的脱贫攻坚。在2020年，中国政府还拨款300亿元人民币支持扶贫运动。这显示了中国政府在脱贫攻坚方面的财政支持力度。大多数非洲国家虽然在消除贫困方面进行了投资，但力度不足，而且过度依赖联合国或其他国家的资金或援助。如果这些非洲国家能够利用好现有资源，稳定和发展经济，并与其他国家建立更平等的伙伴关系，就能在不需要外国援助的情况下为国内贫困群体提供帮助。

值得一提的是，中国派遣年轻大学毕业生到乡村帮助扶贫的策略，也在非洲一些国家得到了适用，特别是尼日利亚。这一计划被称为国家青年服务计划（National Youth Service Corps）。虽然这些年轻的毕业生并不像中国那样被派去当村干部，但他们也是被派去为国家服务，助力这些地区的发展。然而，尼日利亚的这些年轻毕业生目前仍无法获得足够的资金支持。因此，政府有必要加大资金投入，以帮助这些地区减轻贫困。

激发贫困地区人民的积极性，是一国消除贫困的一个非常重要的过程，也是中国试图解决其贫困问题的措施之一。许多非洲国家倾向于不断向贫困地区的民众提供物品和资金，但这种援助并不能从根本上解决贫困问题，政府必须设法加强他们的自我脱贫意识。“授人以鱼不如授人以渔”。仅仅向贫困地区的人们发放现金，只会在一段时间内帮助这些人维持生计，但实际上并不能使他们摆脱贫困。

就非洲国家而言，可以考虑采取 3 个步骤来激励贫困地区的人民。第一，扶贫先扶智。教育是激励民众摆脱贫困的一个重要步骤。教育让民众对美好生活产生向往，讲述脱贫的成功故事，可以使其相信依靠自身也可以摆脱贫困。同时也要提高民众的文化水平，增强他们的就业能力。第二，脚踏实地，深入贫困地区调查。对贫困地区进行调查至关重要，因为如此才能发掘当地资源，思考如何利用这些资源来解决该地区的贫困问题。第三，提供技术支持。在调查之后，就像卢氏县的情况一样，为贫困地区因地制宜提供技术支持尤为重要。例如，靠近河流或海洋的地区可能有利于渔业发展，土壤肥沃的地区可能有利于农业发展。政府可以为这些地区提供先进的设备和必要的技术支持。教授先进捕鱼技术或耕作方式，可以提高当地渔业或种植业的生产力水平，从而降低贫困率，推动国家经济发展。

监督和追踪问责机制不可或缺。非洲某些国家曾出现过这样的情况：本应提供给公民的资源并没有落到实处。在缺乏监督的情况下，无法确保为人民提供的资源或资金能够送到人民手中。由于官员腐败和贪污，有时这些公民甚至可能不知道获得了资源扶助。在此情况下，这些非洲国家可以尝试采用中国甘肃省正在使用的做法，即在财政厅网站主页上设立扶贫公告栏，及时公开扶贫政策、资金分配和资金安排。同时，省级脱贫攻坚领导小组发布扶贫资金管埋办法，明确各方责任。在这种情况下，政府能及时了解资金的使用情况、计划以及该地区扶贫负责人。非洲各国可以效仿这一明确的问责、监督和监测制度，实现扶贫全过程公开透明，以推进减贫工作的开展。

全球贫困概况与中国脱贫成就

〔布隆迪〕罗格（Rodrigue Armel Muvunyi）

个人介绍：

Rodrigue Armel Muvunyi（中文名：罗格）来自布隆迪。他于2016年获得布隆迪大学土木工程学士学位，于2022年6月取得武汉科技大学冶金工程硕士学位，现为武汉科技大学材料与冶金学院博士研究生。他的兴趣包括但不限于以下领域：材料和冶金、土木工程、环境工程。他目前的研究领域与冶金厂的环境保护和资源利用有关。罗格不仅精通英语和法语，还喜欢参加志愿者服务，他的爱好是唱歌和旅行。

贫困是阻碍世界上许多国家发展的因素之一。全球超7亿人，即世界人口的10%，今天仍然生活在极端贫困中，他们对医疗、教育、用水和卫生设施等最基本的需求仍无法得到满足。在撒哈拉以南的非洲，大多数人每天生活费不足1.9美元，即使在世界范围内，农村地区的贫困率也达到17.2%，是城市地区的三倍多。事实上，2018年全世界有8%的就业工人及其家庭生活在极端贫困中。2020年，受新冠疫情的影响，全球极端贫困人口自1998年以来首次上升，贫困人口增加了1.2亿左右。

贫穷和疾病之间存在着必然联系。许多研究已经验证了这一点。贫困已被证明会导致营养不良/疾病，而营养不良/疾病又会使穷人持续贫困。家庭收入低、药品和医疗费用高、缺乏医疗保险等多重因素，也对贫困人口寻求及时医疗服务构成了重大障碍。无法获得这些服务的结果是，贫困引起的身体状况不佳，导致劳动力市场的生产力下降，而生产力下降进一步加剧了贫困人口的贫困状况，最终导致了恶性循环。从这一点上来说，健康也可以被视为一种财富形式。健康已被证明在减少贫困方面具有相当大的现实价值，因为资本可以以促进健康为目标进行投资。

值得注意的是，全球五分之一的儿童生活在极端贫困中，确保对所有儿童和其他弱势群体的社会保护是减少贫困的关键之一。因此，联合国大会以“加快全球行动，实现无贫困世界”为主题，宣布了联合国第三个“消除贫困十年计划（2018—2027）”。这与联合国2030年可持续发展议程是一致的，两者都强调消除贫困。

而今，减贫已被列为全球发展的基本策略之一。在联合国提出的可持续发展目标清单中，它一直被列为最优先事项。下面列举的是一些在全球范围内实施扶贫战略的举措。

其一，提升医疗服务的可及性。确保获得医疗服务，对于促进全民医保和最大限度地减少贫困人口在获得医疗服务方面的不平等至关重要。促进贫困人口及时获得医疗服务，有助于提高全民健康水平。医疗服务的可及性主要包括医疗服务的可负担性和空间可及性。大多数国家选择通过建立社会医疗保险体系和提供医疗援助，来提高医疗服务的可负担性。医疗服务的空间可及性可以通过改善医疗队伍、扩大道路网络建设和采用先进的信息技术来提高。在评价居民的医疗服务可及性方面，可负担性通常由自付的医疗支出来衡量；医疗服务的空间可及性通常通过采用最佳距离法和二步移动搜寻法来进行衡量。

其二，加强政府在扶贫过程中的作用。政府领导在指导脱贫攻坚相关工作中的关键作用不容忽视，脱贫攻坚需要严格的组织、领导和实施。

其三，加强跨国合作与交流。艾滋病、疟疾和结核病已被列为中低收入国家中与贫困相关的三大疾病。事实证明，通过现代医学手段的干预，这些疾病是可以治愈和预防的。从全球角度来看，有效控制这些与贫困相关的疾病需要跨国合作和交流，以共同努力促进全球扶贫。令人振奋的是，一些旨在帮助人们摆脱贫困的跨国项目已经在世界各地实施。

其四，解决健康扶贫战略中的可持续性问题。在当前的全球背景下，大量的劳动力以及大量的财政资源被用来实现扶贫目标。在实施扶贫相关措施的过程中，应该坚持不懈地解决扶贫的可持续性问题。从现有扶贫项目的最终评估来看，尽管有些项目目标已经成功实现，但也存在成功实施某些扶贫项目后，目标人群后来仍然返贫，或者处于更贫困状态的情况。

自 1949 年新中国成立后，中国共产党和中国政府就非常重视解决中国的贫困问题。到 2012 年习近平担任中共中央总书记，中国扶贫工程进入新阶段，这一阶段的目标是在 2020 年赢得消除绝对贫困的胜利，其规模之大，世界上任何一个地方都难以企及。这一浩大工程在 2020 年底得以完成，它成功解决了困扰中华民族几千年的历史遗留问题，创造了“名垂青史”的奇迹。根据世界银行划定的国际贫困线，过去 40 年，中国脱贫人数占世界贫困人口总数的 70%以上。因此，中国为全球减贫事业作出了巨大贡献。

2012 年，中国政府确定了 14 个极端贫困地区，包括 680 个贫困县，并为它们制定了支持性政策。精准扶贫是由中国中央政府在 2013 年提出的。这一政策呼吁企业为中国各地的贫困人口提供具体和有效的援助，寻求有效解决贫困的方法。一批有社会责任感的公司纷纷加入扶贫行列，率先启动了精准扶贫项目。

2013 年，习近平总书记在湖南省考察时首次提出了“精准扶贫”。它要求针对家庭和个人，而不是针对整个村庄或县城，实施有针对性的具体措施。为此，中国政府建立了一个全国性的贫困户登记系统，使地方政府能够从每个人、每个家庭和每个村庄收集数据。这个系统登记了全国 12.8 万个村庄 2948 万贫困户的数据，有助于确定最贫困的地区，包括贵州、湖南、广西、四川和云南等省（自治区）的地区。

为此，习近平总书记还强调，这种有针对性的扶贫战略应遵循“五个一批”策略，即发展生产脱贫一批、易地搬迁脱贫一批、生态补偿脱贫一批、发展教育脱贫一批、社会保障兜底一批，并建立七个制度体系（登记、政策、投资、援助、社会动员、多渠道和全方位的监督评估）。让西部贫困省份接受东部较发达省份援助的结对子战略，扩大到了包括少数民族地区在内的 30 个省份。党政机关干部被派往贫困家庭蹲点扶贫，这反映出中国共产党在扶贫战略上投入的大量人力、物力和精力，也反映出共产党员亲力亲为并发挥模范带头作用。

1978 年改革开放以来，中国 7.7 亿的农村贫困人口摆脱了贫困。同时，中国政府为 2000 多万贫困患者提供了量身定制的医疗服务。此外，近 2000 万贫困人口获得了生活补贴，超过 2400 万困难和重度残疾的人获得了生活和护理补贴。登记在册的贫困家庭义务教育阶段的辍学人数动态下降到零。

为了实现脱贫，中国先后建成或改造了 110 万公里的农村公路，另外还新建了 3.5 万公里的铁路。贫困农村地区的供电可靠性达到 99%。大电网在贫困农村的覆盖率达到 100%。贫困村的光纤互联网接入和 4G 信号覆盖率扩大到 98%以上。贫困地区的社会经济发展也迎头赶上，790 万户（2568 万贫困人口）的破旧房屋得到改造，960 多万人搬迁到条件较好的房屋。在人类历史上，没有一个国家能够在如此短的时间内使数亿人摆脱贫困。2012 年，中国仍有近 1 亿人生活在贫困线以下。到 2020 年，这个数字被减少到零，这意味着平均每年有 1000 多万人脱贫，相当于每 3 秒钟就有一个人脱离贫困线。短短 8 年内，所有 832 个贫困县和 12.8 万个村庄都已从贫困名单中剔除。

笔者认为，中国成功消除贫困的做法和经验，主要有以下几点。

一是坚定的政治领导。联合国秘书长安东尼奥·古特雷斯曾经指出，中国的扶贫成功展示了“坚定的政治领导的重要性以及国家层面对消除农村极端贫困的决心”。美国库恩基金会主席罗伯特·劳伦斯·库恩博士说：“许多外国人对中国领导人习近平将扶贫作为国家的首要任务感到惊讶。”政治经济学理论表明，当某项任务成为一个国家最高领导人的首要任务并持续实施时，就会产生强烈的国家意志，推动资源的分配。除了领导人自己的意志之外，一个国家的领导力还在于其政党的领导。中国共产党拥有 9800 多万名党员，是世界上最大的政党。毫无疑问，扶贫是中国共产党领导成果的一个生动体现。

二是详细的蓝图。中国重视发展规划，注重中短期发展目标，如“两个一百年”奋斗目标、“五年计划”、年度中央经济工作会议等。这种在深入研究和了解国内外情形和趋势的基础上形成的蓝图设计，有助于社会各界形成对未来的稳定预期，明确努力方向。在消除绝对贫困的共同目标下，中国几代领导班子带领全国人民坚持不懈地奋斗。为了实现精准扶贫，中国实施了国家战略，要求各级政府制定适合本地的政策规划，并为贫困家庭提供有针对性的援助计划。中国领导人经常说，“撸起袖子加油干，一张蓝图绘到底”。这种做法确保了政策的连续性，并激励整个国家朝着统一的目标共同努力，并最终实现“小康路上一个都不能掉队”的承诺。

三是以发展为导向。中国人民坚信“发展是解决一切问题的基础和关键”。长期以来，中国一直把经济发展放在首位，进而将经济增长转化为扶贫的利器。中国将经济发展与积极主动的精准扶贫相结合，既能发挥涓滴效应，又能保障经济增长切实为全体人民带来好处。近年来，中国采取了一项战略，即将其经济从高速增长转型为以高质量发展为中心。这种经济转型无疑将对中国未来的扶贫工作和巩固扶贫成果产生巨大的影响。

四是基于数据的治理。在脱贫攻坚中，中国政府特别重视大数据和数字经济的收集和应用，强调将先进的数字化管理应用于扶贫的全过程。为此，中国专门建立了“全国扶贫开发信息系统”，其中包括 12.8 万个贫困村、2948 万个贫困户和近 1 亿贫困人口的信息。这个系统确保了扶贫资源只能用在贫困人口身上。这使得中国的精准扶贫能够取得成功。

五是加强基层参与。扶贫，尤其是打通消除绝对贫困的“最后一公里”非常关键。如果没有恰当的执行作保障，是无法实现的。中国扶贫工作的成功有赖于严格的、标准化的、量化的、透明的扶贫过程，还得益于国家治理体系和治理能力的现代化。国家最高层面勾勒出宏伟的愿景，而具体工作方案等则由基层根据实际制定，坚持群众的事由群众商量着办，群众的事由群众定，群众参与基层治理的积极性、主动性、创造性就会进一步增强。

完全有理由相信，在消除绝对贫困之后，中国共产党和中国政府将继续率领中国人民向 2035 年实现共同富裕的目标迈进。到那时，全中国人民生活都将达到更高水平。中国对人类、对世界的贡献将会更多、更大。

中国扶贫成功是发展中国家的典范

〔卢旺达〕田明思（Musimenta Moses）

个人介绍：

Musimenta Moses（中文名：田明思）来自卢旺达。他于 2020 年毕业于沈阳航空航天大学航空航天工程专业，获理学学士学位。目前是武汉科技大学材料科学与工程专业的硕士研究生，并获国际学生奖学金，主要研究方向为中熵合金力学性能。2017 年，田明思在沈阳航空航天大学获得了优秀学生二等奖学金。他会说法语、英语和中文，在闲暇时间，他喜欢弹吉他、看书和踢足球。

当今世界面临的主要问题之一就是贫困。这就是为什么联合国 2030 年可持续发展议程首要目标是到 2030 年消除一切形式的贫困。根据联合国的数据，目前世界上超过 10%的人生活在极端贫困中，他们缺乏生活的必需品。此外，新冠疫情的蔓延，使得这一情况变得更糟，尤其是在发展中国家。由于高失业率、社会问题和气候变化等，发展中国家的民众更容易陷入贫困。所以，发展中国家与贫困作斗争是非常重要的。

不同的国家或许会用不同的方式来消除贫困，例如，为弱势群体尤其是青年创造就业机会，以及在农业、基础设施建设和教育等领域使用先进技术等。消除贫困还可以借助政府与私营部门之间的合作。政府可以为商业创造良好环境，实施税收、银行贷款等经济手段，而私营部门可以为人们创造就业机会，提升企业的包容性。这两者必须结合起来才能对减贫产生更大的影响和效果。然而，发展中国家缺乏这些政策和做法，这是阻碍这些国家消除贫困的主要因素。中国是动员全国人民、政府机构和私营企业合力消除贫困的典范，发展中国家可以借鉴中国的这一经验。

2012年中国仍有超过9000万人生活在极端贫困之中，而到了2020年底，有关统计数据显示，中国的贫困发生率大幅下降，9899万农村贫困人口不再处于贫困线以下，全国832个贫困县、12.8万个贫困村全部脱贫。这种成功的实质是共同富裕。东部和西部合作扶贫就是成功做法之一。例如，东部的苏州市通过提供援助资金支持西部的铜仁市。这些援助资金被用于创建帮助当地民众摆脱贫困的项目。需要强调的是，中国作为社会主义国家，一直致力于消除贫困，以实现共同富裕。中国的这一努力，在习近平担任中共中央总书记后进入了高潮。

习近平总书记是一位富有爱心和拥有丰富基层工作经验的领导人。他曾在陕西、河北、福建和浙江等不同的地方任职。无论在什么位置上，习近平总书记都认真听取人民群众的意见，这体现为他深入基层实地调研，倾听群众的意见，找出解决问题的办法。这样的工作作风，不是从现在开始的，而是一以贯之的。例如，1988年担任福建省宁德地委书记时，他一大早就到农家干活，展现出全心全意为人民服务的精神。正是因为拥有这种精神，人民群众爱戴他，也愿意向他表达自己的意见和诉求。

为打好扶贫攻坚战，习近平总书记多次深入贫困地区实地考察，了解贫困发生的根源。2013年，习近平总书记到湖南省花垣县十八洞村调研，详细了解贫困发生的原因，就地提出了解决贫困问题的办法——精准扶贫。用他的话来说，不能拿手榴弹炸跳蚤，要下一番“绣花”功夫。从此，精准扶贫成为中国扶贫工作的关键词。此外，他还主持了脱贫攻坚座谈会，鼓励和领导人民群众参与脱贫攻坚战。这些都体现了习近平对打赢脱贫攻坚战的坚定决心。

在习近平的领导和推动下，全国各地实施了切合本地实际的脱贫攻坚计划：要加强党的领导，以确保脱贫攻坚的持续性；坚持以人民为中心，即一切为了人民，一切依靠人民，发展成果为人民共享；支持团结行动应对挑战，意味着必须齐心协力解决问题；强调精准策略，意味着在解决问题之前，必须明确具体目标；支持自力更生，意味着增强扶贫对象的心理能力，使其能够采取行动与贫困作斗争；坚持共同发展，互帮互助；坚持扶贫攻坚的实事求是、抓牢抓实，确保扶贫成果有目共睹、大家共享。

2012 年召开的中国共产党十八大，启动了一项旨在将低收入人群的生活水平提高到贫困线以上的八年脱贫攻坚计划，旨在使低收入人群的食物、衣服、教育、住房和健康需求都能得到满足。该计划的重点是向农村贫困地区派遣人员、使用数字数据库、创建当地特色产业、使用绿色能源和保护生态，以及打造电子商务、人力资本投资和医疗保健体系，等等。

为实施这一计划，中国政府派遣专门的工作小组，深入贫困率较高的乡村，调查贫困问题，寻找脱贫办法。大科学家爱因斯坦说过，问题说清楚了就解决了一半。对于彻底消除贫困，政府官员需要了解贫困的原因，以提供适当的解决方案。习近平提出的精准扶贫思路，就是为了回答谁需要扶持、谁来扶持、如何扶持、如何脱贫攻坚的问题。

政府官员深入当地，和居民一起生活，倾听他们的声音，了解他们的生活，找出贫困的原因。每个贫困家庭都有专人跟进，并帮助他们改善生活条件，同时工作人员会通过电话或微信的方式与受帮扶群众保持密切联系。这项任务需要党员干部作出自己的奉献和牺牲，因为他们要与贫困居民一起生活在艰苦的环境中，而不得不远离自己的家人。他们中的一些人甚至在这场脱贫攻坚战中失去了生命。不同的人有不同的贫困原因，如缺乏教育、无法获得水资源、劳动人员身患残疾、疾病等。这种深入贫困乡村、了解贫困居民生活状况的方法，比使用调查样本更有说服力，调查结果也更准确。在从目标区域的每个当地人那里获得信息后，政府工作人员可以将其输入数字数据库，再根据需要为每个人提供精准的帮助。数字数据库对于保存和分析这些信息非常重要。

由于缺乏基础设施，贫困地区与发达地区之间存在巨大差距。要解决农村的贫困问题，需要通过建设道路、桥梁和高速公路等基础设施，帮助加快农村贫困地区的发展。此外，互联网延伸到农村贫困地区，也能增加当地与发达地区之间的交流和联系。互联网的发展也促进了农村地区市场准入制度的发展。通过电商平台，贫困地区的民众可以上传自制的视频，向外推销本地产品，还可以根据观看次数获得积分，这些积分可以兑换成衣服、电器等礼品。

小型企业的发展，有助于降低失业率。政府与私营部门合作，帮助贫困人群获得贷款，组织开展技术培训活动，帮助当地民众发展生产。随着工作机会的增加，中国有超过3000万贫困人口获得了就业，这增加了他们的收入，提高了他们的生活水平。

在扶贫过程中，中国约有900万贫困地区人口搬离生态脆弱地区，转移到新地区，这使人们的生活以不同方式得到了改善。例如，在新地区，他们可以通过太阳能获得电力，大量贫困人口得以从事绿色能源和生态保护工作，如森林经营活动等。此外，学校、医院、文化中心、老年中心等基础设施都在新建的房屋附近，非常便利。

为了扶贫，中国在人力投资方面也付出了很多努力。人力资本开发在国民经济中发挥着重要的作用，因为当个人收入增加时，企业的生产力就会整体上提高。在今天的知识经济中，政府必须优先考虑帮助人们接受教育，为孩子提供教育经费，并为他们建造学校。至少每个孩子都应该接受九年义务教育，因贫困而辍学的学生能够继续学习。此外，政府还将合格的教师派往教育程度较低的贫困地区，以确保学校能够有效地将知识传递给孩子们。这被认为是长期消除贫困的最佳方式。

人民的健康也是需要考虑的因素。疾病也是造成贫困的原因之一。这就是为什么在扶贫的同时，中国也致力于改善贫困地区的医疗保健体系。中国政府从城市的三甲医院派遣医生与农村医院合作，在贫困地区建设医院，来帮助贫困地区的人民解决医疗问题。这些医生治疗了超过5000万人次的患者，进行了超过100万次手术。此外，政府还以免费培训的方式鼓励医学生完成学业后到农村医院和诊所工作。

尽管每个国家都有自己的国情，但每个国家都可以从习近平总书记启动的扶贫计划中学到一些经验。以下是可以被视为成功的做法和经验。

首先，消除贫困不是一个简单的问题，它需要坚定的领导。国家领导层需要站在第一线，为实现脱贫致富而科学、合理决策。领导人和扶贫人员应该努力解决人民的诉求，这意味他们可能要远离家人，无法正常休息，或者在某个时候甚至要献出自己的生命。他们应该坚持人民至上的理念，为实现人民对美好生活的向往而不懈奋斗。

其次，需要一个宏伟的蓝图。这个蓝图是指导扶贫活动的项目管理方案。因此，像中国扶贫这样的大项目，需要一个详细的解决问题的方案，这要求有关部门加深对贫困问题的完整而深刻的理解，为解决问题提供有针对性的具体的行动计划。详细的蓝图意味着要花足够的时间去思考和研究贫困问题产生的根本原因，然后提出解决方案，在不同的阶段中实施。

再次，好的扶贫政策要以发展为导向。必须清楚的是，经济增长不足以消除贫困。这是因为在大多数情况下，虽然经济增长发生了，但低收入群体并没有从中受益，这使得贫富差距变得很大。中国的扶贫政策使得国家既能发展经济，又能通过精准扶贫确保发展成果由人民共享，做到了经济发展与社会保障的双赢。

最后，鉴于贫困人口的数量庞大，政府需要有效的数据管理。这就是中国政府创建贫困人口数据库的原因。中国扶贫事业之所以取得成功，也得益于这个国家特有的扶贫数据系统。它有助于保存相关数据并在需要时及时查取，再根据相关数据提出脱贫的办法，包括具体的解决方案。这种方式加快了脱贫攻坚的速度。

笔者认为，中国扶贫的成功做法和经验，包括精准扶贫，不仅适用于中国，也适用于包括非洲在内的世界其他地方。在与贫困的斗争中，非洲和世界其他地方可以根据自己的情况向中国学习。毕竟在扶贫方面，中国正成为发展中国家的典范。

后　记

《非洲留学生眼中的新时代中国》是中国非洲研究院“新时代中国与非洲丛书”的一部。非洲留学生是中非友谊的桥梁和纽带，是中非友好事业的传承者和践行者。2021 年，中国非洲研究院成功举办了“首届非洲留学生论坛”。与会的非洲在华留学生们表示，作为非洲的年轻一代，他们特别感受到习近平主席对中非关系、非洲发展和非洲青年的关心关注关照。习近平主席曾多次在不同重要场合，专门谈到了非洲青年，并对非洲青年寄予厚望和期待。在 2018 年中非合作论坛北京峰会上，习近平主席表示，“青年是中非关系的希望所在”；在党的二十大报告中，习近平总书记再次强调，“青年强，则国家强”。这令非洲留学生们印象深刻，备受感动与鼓舞。他们一致表示，要努力做“非中友好的传承者”，因为他们是与新时代中国同成长、同进步的非洲青年，对于新时代中国的发展变化，以及中非友好合作关系的发展，确有诸多所见所闻，所感所思。有鉴于此，中国非洲研究院面向非洲在华留学生发起了主题为“这十年，我们与中国同成长”的征文活动，希望以此进一步推动中非之间的文化交流、文明互鉴和民心相通，为促进和引领中非文明互鉴做出应有贡献。

本书收录的 33 篇文章就是从这次征文中精选的，代表了非洲在华留学生的一致心声和共同心愿。我们按照内容将这些文章分别归入中国见闻篇、中非友好篇、中非合作篇、“一带一路”篇、互学互鉴篇类别之中。透过这些文章，读者似乎在与非洲留学生进行面对面的对话和交流，并从中了解和感受到他们眼中和印象中的习近平和中国，以及中非关系和中非友好合作等，拉近了中国与非洲之间的时空距离，强化了中非人民之间的感情纽带，促进了中非人民之间的民心相通。

最后，感谢社会科学文献出版社的领导和编辑所做出的贡献，你们的辛勤付出保证了本书的顺利出版。因能力所限，书中难免存在错漏之处，欢迎各位读者批评指正。

图书在版编目(CIP)数据

非洲留学生眼中的新时代中国 / 中国非洲研究院主编；张梦颖，王南编.--北京：社会科学文献出版社，2023.10

（新时代中国与非洲丛书）

ISBN 978-7-5228-2284-6

Ⅰ.①非… Ⅱ.①中… ②张… ③王… Ⅲ.①社会主义建设-概况-中国②中外关系-文化交流-中国、非洲 Ⅳ.①D61②G125③G140.5

中国国家版本馆 CIP 数据核字（2023）第 158335 号

新时代中国与非洲丛书
非洲留学生眼中的新时代中国

主　　编 / 中国非洲研究院
编　　者 / 张梦颖　王　南

出 版 人 / 冀祥德
责任编辑 / 宋琬莹　李明伟
责任印制 / 王京美

出　　版 / 社会科学文献出版社 · 国别区域分社（010）59367078
地址：北京市北三环中路甲 29 号院华龙大厦　邮编：100029
网址：www.ssap.com.cn
发　　行 / 社会科学文献出版社（010）59367028
印　　装 / 三河市尚艺印装有限公司

规　　格 / 开　本：787mm×1092mm　1/16
印　张：12.5　字　数：183 千字
版　　次 / 2023 年 10 月第 1 版　2023 年 10 月第 1 次印刷
书　　号 / ISBN 978-7-5228-2284-6
定　　价 / 98.00 元

读者服务电话：4008918866